AF247380

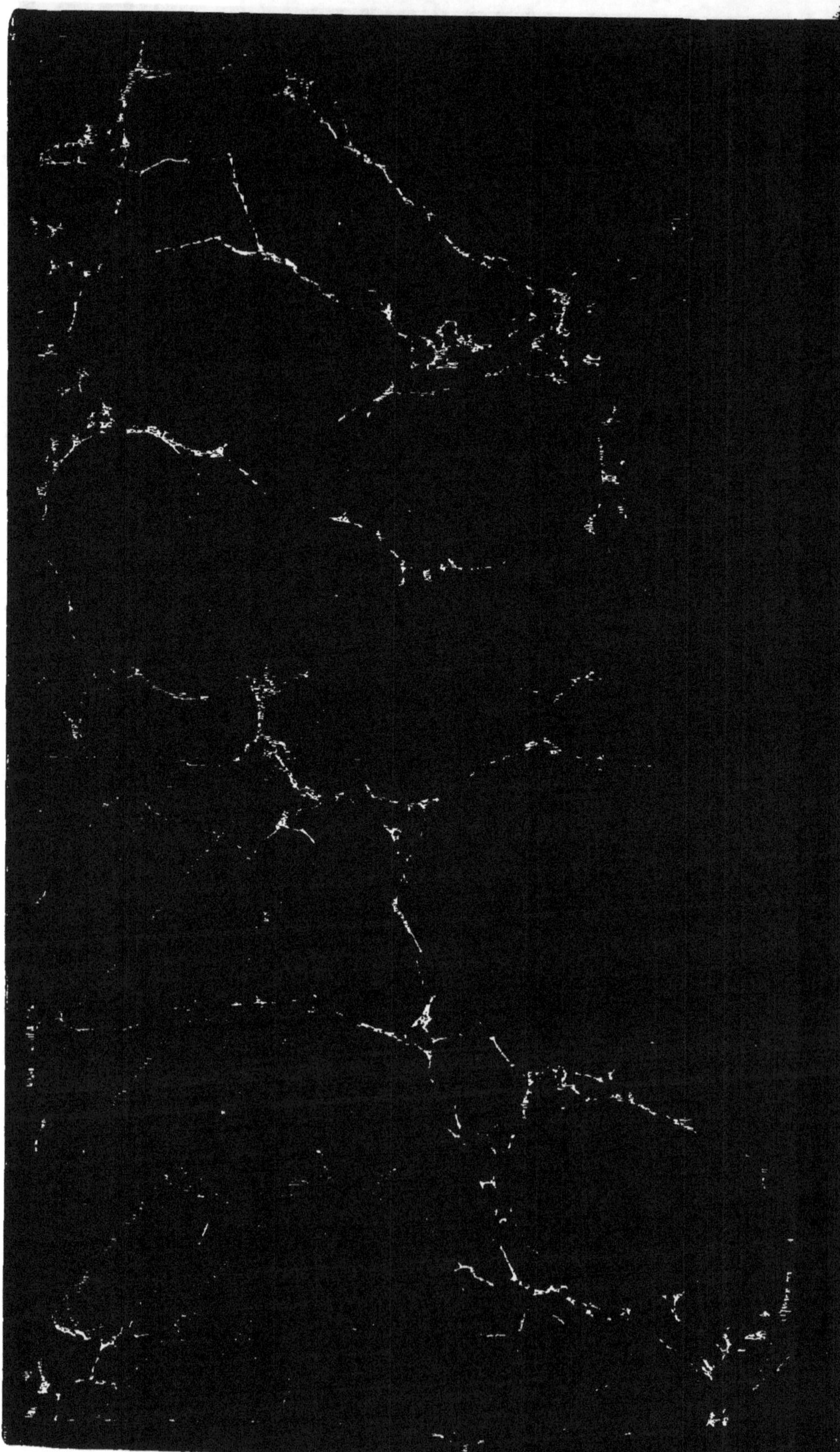

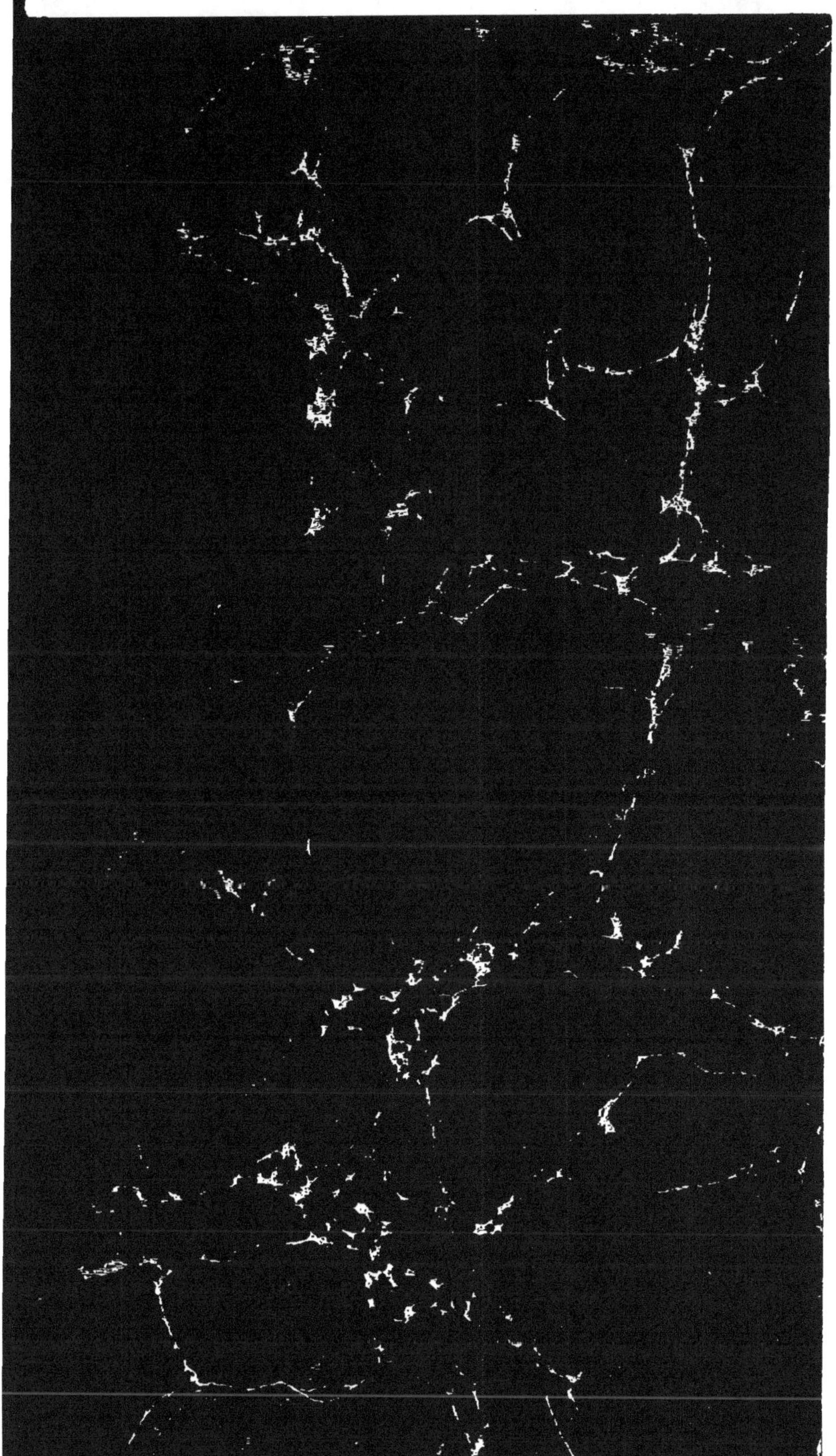

PRÉCIS MILITAIRE

DE LA CAMPAGNE DE 1813.

PRÉCIS MILITAIRE

DE LA

CAMPAGNE DE 1813

EN ALLEMAGNE.

LEIPZIG:

F. A. BROCKHAUS.

—

1881.

Faites la guerre offensive comme Alexandre, Annibal, César, Gustave-Adolphe, Turenne, le prince Eugène et Frédéric; lisez, relisez l'histoire de leurs quatre-vingt-huit campagnes, modelez-vous sur eux; c'est le seul moyen de devenir grand capitaine, et de surprendre les secrets de l'art: votre génie ainsi éclairé vous fera rejeter des maximes opposées à celles de ces grands hommes.

Mémoires de Napoléon.

Lorsque les grands problèmes de la guerre nous
occupent, c'est aux exploits des grands capitaines,
sources vives de notre art, qu'il faut toujours de nouveau en demander les solutions. Tout l'art de la
guerre moderne repose sur les épaules de Napoléon:
c'est donc ses conceptions grandioses qu'il faut étu-
dier, et c'est une étude de ce genre que les pages
suivantes se sont proposées. Les armées réunies de
l'Europe contre la puissance du génie, quel spectacle
plus émouvant et plus instructif aurait-on pu choisir?

CHAPITRE I.

L'armée française se retire derrière l'Elbe. — Les Russes
et les Prussiens avancent jusqu'en Saxe.

Le 5 décembre 1812, à Smorgoni, l'Empereur Napoléon remet le commandement de la grande armée
à Murat; le 18 au soir il arrive aux Tuileries.

Les restes de la grande armée se retirent par
Vilna et Kovno, et le 19 décembre Murat arrive à
Kœnigsberg. Là il put pour la première fois songer
à une halte définitive et prendre en considération
les moyens de s'opposer aux Russes, qui ne devaient
pas tarder à déboucher sur les frontières de la Prusse.
Au premier coup d'œil la situation n'était nullement
désespérée. Il est vrai que de la masse principale
de la grande armée il ne restait pour le moment
rien qui valût, mais, outre cette masse principale, il
y avait encore deux corps destinés à en couvrir les
ailes et pleinement capables de faire bonne contenance vis-à-vis des Russes, cruellement éprouvés eux
aussi par la dernière campagne. Ces corps étaient
le 10me sous Macdonald, 22,000 hommes, et celui du
prince Schwarzenberg, 45,000 hommes, se composant

des auxiliaires autrichiens et du 7me corps d'armée sous Reynier. Ces corps pouvaient, sinon arrêter, du moins suffisamment retarder les progrès des Russes pour permettre aux Français de garder la ligne du Pregel.

Mais ces corps en grande partie ne se composaient pas de troupes de nationalité française, et cette circonstance ici dut devenir décisive. Les généraux Schwarzenberg et Yorck, — ce dernier Prussien et faisant partie du 10me corps, — mettant l'intérêt de leurs propres souverains au-dessus de celui d'un étranger qui les avait opprimés, se soustraient au devoir de couvrir la retraite de l'armée française, le premier par un compromis entre son devoir de sujet autrichien et le rôle que lui imposait sa situation de général allié des Français, le second par un acte résolu qui retentit dans toute l'Europe et rendit à son roi l'indépendance politique. Schwarzenberg, protégé par un armistice tacite, se retire à Pultusk où il arrive le 30 décembre, tandis que Yorck, le même jour, conclut avec le chef d'état-major du général russe Wittgenstein, près de Tauroggen, une convention qui détache les 15,000 hommes de son corps d'armée de la cause française et neutralise pour eux une zone entre Memel et Tilsit.

Le baron de Fain, en parlant de cette convention, la nomme un événement que la sagesse humaine ne pouvait ni prévoir ni prévenir, et nous sommes bien là dans le cercle d'idées de Napoléon qui, à force de tout faire fléchir devant sa volonté, en était arrivé à ne plus reconnaître la possibilité d'une opposition efficace. N'en avait-t-il pas donné une preuve terrible par cette campagne de 1812, manquée par suite du mépris de toutes les conditions physiques existantes, par suite de la violence faite à la nature même des choses?[1] Un événement tel que l'acte de Yorck aurait-été impossible à prévoir! Mais quoi de plus naturel que des peuples, retenus dans une alliance pernicieuse à leurs véritables intérêts par la force et la crainte, se dégagent de ces liens, dès que la force qui imposait la crainte est détruite! Impossible à prévenir! Mais si l'Empereur, au lieu de quitter la grande armée, restait sur les lieux, mettant en jeu toute la formidable influence de sa grande personnalité, n'était-il pas très-possible alors que, soit l'occasion, soit la volonté qui aboutirent à la convention de Tauroggen eussent manqué?

Néanmoins, tout vrai que cela soit, il faut dire qu'en quittant l'armée à Smorgoni l'Empereur subissait les exigences de sa situation et restait dans la logique de son caractère; la critique ne saurait blâmer sa conduite, car sa situation d'usurpateur donnée, il est naturel qu'il ait cru sa présence indispensable à Paris, surtout après la nouvelle de la conspiration de Malet, et son caractère grandiose donné, il est naturel qu'il se soit dit: la grande armée de Russie est perdue; il ne vaut pas la peine pour moi d'en sauver encore quelques épaves; il n'est pas digne de ma gloire de remporter quelques

---

[1] C'est ce que Ségur exprime si bien en disant: «Les grandes expéditions s'écrasent sous leur propre poids. Les bornes humaines avaient été dépassées: le génie de Napoléon, en voulant s'élever au-dessus du temps, du climat et des distances, s'était comme perdu dans l'espace.» *Histoire de Napoléon et de la grande armée.*

succès de détail, qui pourtant ne peuvent pas racheter un tel désastre, mieux vaut donc retourner en France et ne reparaître sur la Vistule qu'à la tête d'une nouvelle grande armée. Une réflexion de ce genre, qui négligeait tous les avantages secondaires pour ne porter que sur le point décisif, lui avait valu si souvent des succès éblouissants, comment s'en fût-il départi maintenant?

Nous avons vu arriver Murat à Kœnigsberg le 19 décembre. Il ne peut cependant pas y trouver le repos espéré. Le 1 janvier arrive la nouvelle de la décision prise par Yorck et alors, jugeant bien l'impossibilité qu'il y aurait pour les troupes françaises exténuées de résister aux Russes dans une position aussi aventurée que l'était Kœnigsberg, Murat quitte à la hâte cette ville avec la garde, en y laissant à Ney la division Marchand, 3000 hommes, et lui remettant en outre la division Heudelet et la brigade de cavalerie Cavaignac, 11,500 hommes, qui sont à Wehlau. Ces dernières troupes sont de même portées sur Kœnigsberg, ville où, le 3 janvier, arrive encore Macdonald avec la division Grandjean, 7000 hommes. Ney, selon les ordres reçus, remet à Macdonald le commandement de toutes ces troupes et part pour la France.

Macdonald poursuit aussitôt la retraite en se dirigeant sur Murat qui s'est rendu à Elbing, mais qui ne tarde pas à prolonger son mouvement rétrograde jusqu'à Posen en ordonnant au maréchal, qui voit sérieusement s'ébranler le moral du soldat par les marches en arrière continues, de conduire ses troupes à Danzig et de les y laisser sous les ordres de Rapp qui ne dispose que de 8000 hommes environ.

Murat lui-même arrive le 16 janvier à Posen; il remet immédiatement le commandement de l'armée à Eugène Beauharnais et part pour Naples. Macdonald, en exécution des ordres reçus, avait remis le 13 janvier à Rapp ce qui lui restait de troupes, 20,000 hommes à peine et alors avait incontinent pris la route de la France.

Pendant ce temps le général prussien Bülow, qui avait le commandement militaire dans la province de Prusse, avait rassemblé tout ce qui se trouvait de forces prussiennes dans cette province et, profitant de la retraite des Français, il s'était replié lui aussi, d'abord sur Graudenz, puis en Poméranie, où il prend le 17 janvier son quartier général à Neu-Stettin. Là il reste à l'affût des événements, occupé de levées et d'organisations nouvelles, sans toutefois rompre en visière avec la cause française.

Ainsi, à l'exception de la place forte de Danzig, à la mi-janvier la ligne de la Vistule est abandonnée aux Russes.

Cependant, si ce résultat devait être bien désagréable à Napoléon, on ne saurait guère en blâmer Murat. Pressé de masses supérieures, n'ayant sous la main qu'une troupe de solidité plus que douteuse, abandonné par les deux seuls détachements en état de faire bonne contenance, à savoir les Autrichiens et les Prussiens, Murat en se retirant derrière la Vistule n'avait pas eu le choix libre, il cédait à la force majeure des événements. Il n'y a qu'une seule mesure dont on peut discuter l'opportunité, c'est l'ordre donné à Macdonald de faire entrer ses troupes dans la forteresse de Danzig. Cette place contenait à peu près 8000 hommes, en y ajoutant les forces de Macdonald on arriva à près de 28,000 hommes, ce qui était trop, 15,000 auraient pleinement suffi pour défendre les murs de Danzig, et alors 13,000 restaient disponibles pour se rendre avec Murat à Posen et y constituer un précieux noyau pour les nouvelles formations. Pourquoi donc Murat a-t-il ordonné de tout jeter dans Danzig et pourquoi Macdonald a-t-il, sans objections, obtempéré à cet ordre?

Certainement on n'a pas eu d'emblée l'intention arrêtée de laisser toute cette troupe définitivement dans la forteresse, on comptait plutôt lui assigner Danzig comme lieu de refuge provisoire, car on n'était plus en droit de rien attendre de ces soldats en rase campagne vis-à-vis des Russes victorieux, mais, une fois la troupe rétablie, on voulait sans doute retirer de la place ce qui n'était pas absolument nécessaire à sa défense. On se trompa dans ce calcul comme on s'y était trompé déjà si souvent. Il est facile ·d'entrer dans une forteresse, mais dès que l'ennemi a paru devant ses murs, il est très-difficile d'en sortir. Déjà Prague (1757) et Mantoue (1796) étaient là pour le prouver, et nous pouvons aujourd'hui y ajouter Metz (1870).

Néanmoins nous ne pouvons adresser un reproche ni à Murat d'avoir donné l'ordre, ni à Macdonald de l'avoir exécuté. L'état de la troupe demandait impérieusement une telle mesure; vouloir prolonger la retraite n'était plus possible, la troupe se débandait, et, pour peu que les Russes pressassent, il n'en serait rien arrivé à Posen. A Danzig on conservait la troupe, partout ailleurs on l'aurait perdue. Ainsi, bien que l'histoire nous fasse voir par les exemples précités tout le risque qu'on court en se jetant avec

son armée dans une forteresse, on ne craindra point
de le faire, si le salut de la troupe en dépend, et,
dans ce cas, quel précieux refuge qu'une forteresse,
et comment l'évocation des noms d'un Wurmser, d'un
Bazaine pourrait-elle alors nous empêcher d'y avoir
recours! Turenne dit une fois: «Quand vous êtes
bien maître de la campagne, les villages vous valent
des places fortes», bel adage plein de vérité, mais qui
contient implicitement l'insinuation que, lorsque ce
n'est plus moi, mais l'adversaire qui est bien maître
de la campagne, il me faut à moi de véritables forteresses.

Voyons maintenant ce que les Russes ont fait
pendant ce temps. Leurs forces se divisaient en
3 armées: au centre l'armée principale sous le généralissime Kutusof lui-même, à gauche, l'armée du
Danube sous Tchitchagov et à droite, le 1er corps
détaché sous Wittgenstein. Arrivé à Vilna, Kutusof, qui ne croit pas dans l'intérêt de la Russie
une poursuite à outrance, suspend ses mouvements
et assigne de même à ses deux sous-ordres, Tchitchagov et Wittgenstein, le Niémen comme limite de
leurs opérations: ils doivent s'établir en amont et
en aval de Kovno. Kutusof veut d'abord pleinement donner le temps à ses troupes de combler les
lacunes de tout genre avant d'avancer contre la
Vistule.

Mais le tsar Alexandre, inspiré d'une politique
plus prévoyante, arrive le 23 décembre à Vilna et
sous son influence directe Kutusof doit se décider
à une action plus prompte. L'armée russe au commencement de l'année 1813 se composait comme
suit:

à l'extrême droite est Wittgenstein (Quartier-maître-
général le général Diebitsch), 34,000 hommes
avec 180 bouches à feu;

à sa gauche se trouve le corps de cosaques de
Platov, 8000 hommes avec 16 bouches à feu;

puis vient Kutusof à Vilna (Quartier-maître-général le général Toll), moins de 20,000 hommes
avec 130 bouches à feu;

enfin Tchitchagov (Quartier-maître-général le général Berg) 15,000 hommes avec 70 bouches à feu.

Outre ces forces il y a encore, échelonnés en
arrière et en train de rallier l'armée, les corps de
Miloradovitch, Wintzingerode, Sacken, Dokhtourov et
Radt qui comptent ensemble plus de 40,000 hommes
et 200 bouches à feu.

Wittgenstein a suivi de près Macdonald et même
a essayé de lui couper la retraite: il franchit le
28 décembre le Niémen à Jourbourg. Pour le soutenir, Kutusof dirige sur Insterbourg, à l'instiga-
tion du tsar, Tchitchagov, sous les ordres duquel
il place Platov et, peu après, aussi Wittgenstein. Ce
dernier n'atteint plus Macdonald et, rencontrant à
Wehlau les cosaques de Platov, il reçoit l'ordre de
Tchitchagov de se porter sur Kœnigsberg. Mais,
apprenant la retraite de Murat sur Elbing, il
préfère se diriger sur cette ville, Tchitchagov
l'approuve et suit son exemple. Néanmoins ils ne
réussissent pas à couper la retraite à Macdonald et
alors ils se reposent, Tchitchagov à Marienbourg,
Wittgenstein à Elbing, où ils arrivent à la mi-janvier.
Kutusof lui-même s'est ébranlé le 10 janvier de
Vilna et avance lentement contre la Vistule dans la
direction de Plotsk par Ssouwalki-Lyck.

Eugène en attendant, à peine arrivé à Posen, s'est tout de suite occupé du soin de faire sortir par un triage les hommes valides de tous les débris de troupes sur lesquels il peut mettre la main et d'expédier le reste sur les derrières; cela lui donne, pour la première catégorie 3500 hommes, pour la seconde à peu près 2000. Pareille opération, entreprise par ses ordres dans les corps N° 1 à 4, fournit 800 hommes pour Thorn, 1600 pour Stettin du 1er corps; 1900 pour Cuestrin du 2me corps, autant pour Spandau du 3me et 1000 pour Glogau du 4me corps; les restes, 5 à 6000, sont de même expédiés en arrière. Bientôt lui arrivent aussi les projets de l'Empereur pour la reconstruction d'une armée. Il veut qu'Eugène forme à Posen, sous Ney, un corps d'avant-garde qui se composera de la division Grenier, arrivant d'Italie et qui sera scindée en deux, et de la division Lagrange du 11me corps. Ce corps avait été au début de la campagne de 1812 sous Augereau en Prusse, mais, en définitive, il n'y était resté que la seule division Lagrange, 10,000 hommes avec 12 bouches à feu, répartie à Spandau, Berlin et les places de l'Oder. En outre on rétablira les corps N° 1 à 4 respectivement à Stettin, Cuestrin, Spandau et Glogau, et l'Empereur compte avoir au mois de juin 4 divisions à Stettin et respectivement deux dans les autres places.

Derrière le corps d'avant-garde se formera l'armée. Pour ce but on dispose d'abord des cohortes. Les cohortes étaient des formations destinées à rester en France comme une réserve pendant la campagne de 1812, mais pour la seule défense du sol natal; elles étaient prises dans le premier ban de la garde nationale, c'est-à-dire dans les classes de 1807 à 1812, il y en avait 88, comptant un effectif d'à peu près 80,000 hommes. Par décret du 11 janvier 1813 elles deviennent partie de l'armée active et forment 22 régiments, Nr. 135—156. Puis il y avait 120,000 conscrits formant les 5me et 6me bataillons. Ces ressources fourniront:

Un corps d'observation de l'Elbe qui se réunira à Magdebourg;

un corps d'observation de l'Italie qui se réunira à Vérone;

un 1er corps d'observation du Rhin qui se réunira à Francfort-sur-le-Mein.

L'Empereur calcule que le 1er mai ces forces arriveront sur l'Oder et qu'il y aura alors 276 bataillons, sans préjudice d'un 2me corps d'observation du Rhin qui sera formé à Magdebourg. A la fin de juin il croit alors disposer de 300,000 hommes. Pour arriver à ce chiffre, il a encore décrété à la même date du 11 janvier 1813 une levée immédiate de 100,000 hommes des classes de 1809 à 1812 et une autre de 150,000 hommes de la classe de 1814 dans le courant de février.

On voit par tout cela que l'Empereur regardait sa situation comme n'étant nullement alarmante. Il conseille de ne pas abandonner Varsovie, en comptant toujours sur Schwarzenberg, et estime à peu de chose, presque seulement à de la cavalerie, tout ce que les Russes peuvent faire marcher sur Eugène. Il compte débuter par débloquer Danzig, ville devant laquelle il suppose aux Russes un détachement d'investissement de 50,000 hommes, quoique à la vérité ce chiffre paraisse un peu calculé pour donner de la confiance à Eugène.

Mais, en caressant ces plans, l'Empereur se payait d'illusions. Il croyait les Russes hors d'état d'envahir le territoire prussien à l'ouest de la Vistule, et à 7 semaines de là ils allaient entrer à Berlin; il voyait dans la Prusse et l'Autriche des alliés, ou tout au moins des spectateurs impuissants de sa lutte avec les Russes, et il allait trouver, d'un côté, une hostilité ouverte et efficace, et de l'autre, une neutralité apparente, mais nuisible à ses intérêts.

Les Russes avaient continué, à la vérité sans trop se presser, leur marche en avant. Kutusof atteint le 5 février Plotsk et y rallie Wintzingerode, 12,000 hommes, tandis que Sacken et Miloradovitch, forts de 12,000 hommes chacun, arrivent à cette époque à Varsovie, suivis à distance par Dokhtourov, 8000 hommes; enfin Radt, avec 3000 hommes, investit Zamostj. Ces progrès des Russes obligent Schwarzenberg, qui pendant le mois de janvier s'est tenu à Pultusk, de prendre un parti, et il se décide pour la retraite en Galicie, sur le sol autrichien, mouvement qu'il exécute au commencement de février. Wittgenstein avance lentement de Dirschau sur Konitz; ayant dû détacher contre Pillau et Danzig, il n'a plus que 10,000 hommes. Il arrive le 15 février à Konitz où il restera jusqu'au 22. Tchitchagov marche sur Thorn, met le siége devant cette ville et établit son corps, dont le commandement passe le 14 février à Barclay de Tolly, entre Thorn et Bromberg. En attendant les cosaques poussent très-loin en avant, dès le 5 février il y en a à Soldin près de l'Oder, tandis que sur la gauche ils s'approchent de Posen, en battant l'estrade au loin et au large. Dokhtourov investit Modlin, Sacken occupe Varsovie, Miloradovitch marche en avant sur Kalisch, ville sur laquelle se dirige aussi Kutusof qui a quitté Plotsk le 9 février; il est précédé par Wintzingerode qui réussit à surprendre à Kalisch, le 13 février, les 10,000 Saxons et Français de Reynier. Ce dernier, lorsque Schwarzenberg évacuait Varsovie, avait pris la route de Kalisch et, après y avoir éprouvé, par suite de sa rencontre avec Wintzingerode, des pertes sensibles, il prolonge sa retraite sur Glogau, où il arrive le 17 février. Poniatowski, qui avec ses 10,000 Polonais suivait Reynier à distance, apprenant l'échec de Kalisch, se replie sur Cracovie.

Ces mouvements, mais surtout la nouvelle de l'évacuation de Varsovie par Schwarzenberg et l'apparition audacieuse des cosaques près de l'Oder, effrayent tellement Eugène, qui vers ce temps avait réuni 13,000 hommes d'infanterie, 1500 chevaux et 28 bouches à feu, qu'il quitte Posen le 12 février et se rend par Meseritz à Francfort-sur-l'Oder, ville qu'il atteint le 18. Cette évacuation de Posen était une mesure précipitée. Il est vrai que c'est une des tâches les plus difficiles que de savoir choisir le moment juste pour la retraite lorsque des colonnes supérieures s'avancent concentriquement sur nous, parce qu'on ne connaît jamais d'une manière suffisamment exacte ni le point précis où ces colonnes se trouvent, ni leur force, et une méprise dans une telle situation mène facilement à une défaite sérieuse, ainsi qu'il arriva à Napoléon à Leipzig et à la Rothière; ici du reste cette tâche était rendue encore plus difficile par la pénurie de cavalerie dans laquelle Eugène se trouvait, tandis que cette arme chez l'adversaire était très-nombreuse et faisait admirablement bien son devoir. Néanmoins, quoique Eugène, abandonné de Schwarzenberg, à la longue eût toujours dû se résigner à la retraite, il pouvait cependant gagner encore du temps et le temps ici, comme presque toujours à la guerre, était la chose essentielle, puisqu'il s'agissait de mettre sur pied tant de nouvelles formations et de procurer la possibilité aux troupes déjà formées d'arriver sur le terrain. Avec plus de sang-froid, Eugène aurait compris que le péril n'était nullement imminent, il aurait pu se convaincre par quelques reconnaissances qu'il n'y avait pas encore de troupe régulière derrière ces essaims de cosaques, qu'un gain de temps était possible, et il aurait dû plus se pénétrer de l'importance qu'avait dans les circonstances un tel gain de temps, ne fût-il que de quelques jours. « La stratégie », dit Gneisenau, « est la science de l'usage du temps et de l'espace. Je suis moins avare de celui-ci que de celui-là, nous pouvons regagner de l'espace du temps perdu jamais. »[1]

Mais ce qui était moins favorable encore que le moment de la retraite, c'était sa direction. Eugène voulait tout naturellement couvrir Berlin, mais en y courant droit par la grande route de Francfort, il invitait l'ennemi à l'y suivre, à y diriger toutes ses masses, quand même il n'en aurait pas encore eu l'intention. Il devait au contraire chercher à dérouter l'ennemi et il le pouvait, si, au lieu d'aller

---

[1] *Lettre à Stein.* Dammartin, le 27 janvier 1814.

droit à Berlin, il montait ou descendait l'Oder et prenait quelque part sur ce fleuve une forte position; alors l'ennemi n'eût pas pu franchir l'Oder en laissant l'armée française postée sur cette grande barrière, prête à le menacer de flanc ou de dos, il se serait vu forcé de rassembler contre Eugène ses masses, ce qui lui coûtait du temps et le faisait dévier de la route directe vers son objectif. Et une telle position était toute donnée, c'était Cuestrin. Elle possédait un sérieux point d'appui dans la place forte et était en outre forte par la nature, car l'Oder et la Warthe, qui réunissent là leurs eaux, sont deux barrières faciles à défendre, l'une par sa largeur, l'autre par les marécages et bas terrains dont elle est bordée. Dans une telle position, on peut résister même à une supériorité marquée de forces. Du reste notre raisonnement ici ne fait que suivre les indications du grand maître de notre art, de Napoléon, qui, n'ayant pas pu influencer la direction de la retraite d'Eugène, ne manque pourtant pas plus tard encore dans ses lettres de mettre le doigt sur Cuestrin, comme sur le point où Eugène aurait dû s'arrêter et solidement s'établir. A la date du 9 mars il écrit: «Un général expérimenté, qui eût établi un camp en avant de Cuestrin etc.» et à la date du 15 mars: «Si ...... au lieu de vous retirer sur Francfort, vous vous fussiez groupé devant Cuestrin, l'ennemi aurait regardé à deux fois avant que de rien jeter sur la rive gauche. Vous auriez du moins gagné vingt jours etc.» Eugène par cette retraite avait donné la mesure de ses capacités et ce n'étaient pas celles d'un grand capitaine.

La contre-partie de la conduite d'Eugène est

celle des Russes. Quoique disséminés sur une étendue bien grande, trop grande même eu égard à leurs forces, et quoique maltraités eux aussi par les fatigues de la campagne passée, ils poussent hardiment et, à part quelques petites interruptions, continuellement en avant, pleins de la confiance que donne la victoire et convaincus qu'un vainqueur qui poursuit, fût-il faible et disséminé, en impose toujours au vaincu. Ils suivaient en cela cet adage spirituel du maréchal de Saxe: «Après la victoire, tous les conseils sont bons, hormis les prudents». Et le résultat donna pleinement raison à cette opinion du célèbre capitaine. Quelques escadrons de cosaques, lancés en avant à l'aventure, suffisent pour jeter l'émoi dans le camp ennemi; le corps de Wintzingerode, précédant isolément l'armée, tombe à l'improviste sur Reynier et le bat; la seule marche en avant livre aux Russes tout le terrain jusqu'à l'Oder, et encore ce fleuve n'est-il plus défendu; enfin la Prusse trouve dans ces succès l'occasion et la résolution de joindre ses armes à celles du tsar.

Le roi de Prusse, d'abord à Potsdam, c'est-à-dire au milieu des troupes d'occupation françaises, puis, depuis le 24 janvier, à Breslau, hésitait depuis longtemps à se déclarer ouvertement contre Napoléon; il laissait ainsi ses lieutenants, Yorck et Bülow, dans les provinces de Prusse et de Poméranie, dans une situation ambiguë.

Ces deux officiers généraux, mis en mesure par les progrès des Russes de prendre une résolution, se rendent le 22 février au quartier général de Wittgenstein à Konitz, et là on convient d'une marche simultanée en avant. Wittgenstein, qui s'ébranle le

23, va par Landsberg, Bülow se met en marche le 26 sur Stargard, et Yorck, qui le 17 a levé ses cantonnements aux environs d'Elbing, atteindra Schlochau et de là ira sur Soldin; il compte alors 20,000 hommes, Bülow 10,000. Sur la gauche Wintzingerode, après le combat de Kalisch, a marché par Rawitsch contre l'Oder; Kutusof est arrivé le 24 à Kalisch — Eugène, après un séjour de deux jours à Francfort, a prolongé sa retraite; il arrive le 22 à Berlin. Un moment on peut croire qu'il va s'arrêter là pour garder cette importante capitale. Mais, après avoir pris d'abord une position en avant de cette ville, puis en arrière à Schœneberg, il reprend bientôt sa retraite et se dirige sur Wittenberg où son quartier général est le 6 mars. Là enfin, sur l'Elbe, il veut tenir tête à l'adversaire. La dislocation que l'armée française prend alors, et garde jusqu'au 21 mars, s'étend le long de la rive gauche de ce fleuve.

Le quartier général d'Eugène est à Leipzig. Reynier, 12,000 hommes, est à Dresde et Meissen; Davout, 10,000 hommes, — le 1er corps reformé — à Dresde; Victor, 8000 hommes, — 2me corps reformé — et Grenier, 19,000 hommes, — le 11me corps — gardent les passages de l'Elbe à Wittenberg, Rosslau, Dessau, Aken. Lauriston, 33,000 hommes, — le corps d'observation de l'Elbe, plus tard 5me corps — Magdebourg. Vandamme, 6000 hommes, à Hambourg, Lubeck et Brême.

Les garnisons, qui étaient encore restées dans les places sur l'Oder et la Vistule et à Spandau, s'élevaient à près de 60,000 hommes.

L'armée française en s'établissant sur l'Elbe à la date du 10 mars, c'est-à-dire 24 heures avant l'entrée de Wittgenstein à Berlin, n'avait fait qu'aggraver la faute qu'elle avait commise en se retirant si promptement sur Berlin. Si la prompte retraite de Posen a pu être excusée par la situation précaire d'Eugène et aussi par l'importance secondaire de ce point, il n'en est pas de même ici. A Berlin, Eugène était déjà fort de près de 40,000 hommes, et la capitale de la Prusse, dans les circonstances, était un point de première importance; c'est une faute qu'il n'ait pas essayé au moins d'y rester; Wittgenstein, vu les forces qu'il avait, ne pouvait de sitôt tenter un effort sérieux pour le déloger et les Prussiens n'avaient pas encore ouvertement déclaré les hostilités. Mais en reculant comme cela on invitait les Russes à suivre, les Prussiens à se déclarer.

Napoléon explique cela clairement dans une série de lettres des plus mémorables, adressées à Eugène et dont l'ensemble forme tout un traité sur la défensive. Le 5 mars déjà il écrit: «Résumé: Restez à Berlin autant que vous pourrez»; le 6 il répète cela. Le 9 mars, ayant depuis appris la retraite d'Eugène, il écrit de Trianon: «Je ne vois pas ce qui vous obligeait à quitter Berlin. Si vous eussiez pris une situation en avant de Berlin ..... l'ennemi aurait dû croire que vous vouliez livrer bataille. Alors il n'aurait passé l'Oder qu'après avoir réuni 60 à 80,000 hommes ..... mais il était encore bien loin de pouvoir faire cela». Puis il fait ressortir tous les désavantages qu'il y avait à se retirer sur Wittenberg et non sur Magdebourg, comme auparavant déjà il l'avait conseillé. L'idée de l'Empereur était toujours d'opérer sur le bas Elbe, de garder les villes hanséatiques et tout le terrain de la

32me division militaire, de ne pas découvrir la Hollande: «Je sais bien, dit-il, que la grande question est Dresde»[1], mais, «obligé d'opter entre la défense du bas Elbe et celle du haut, je désire défendre le bas», et, le 17 mars: «La grande affaire c'est la 32me division militaire et la Westphalie, puisque de là dépend la Hollande, tout cela ne peut être gardé que par une position offensive en avant de Magdebourg». Il explique à Eugène toute l'impossibilité qu'il y a à couvrir efficacement Dresde sans dégarnir des points plus importants, et ainsi c'est établi solidement en avant de Magdebourg qu'il veut voir le gros des forces d'Eugène, «c'est le moyen le plus puissant pour venir au secours de Dresde».[2] En avant de Magdebourg, Eugène aurait toujours menacé Berlin d'un retour offensif et aurait ainsi forcé l'ennemi de rassembler contre lui la majeure partie de ses forces, ce qui ferait gagner à Napoléon le temps nécessaire pour organiser l'armée principale, et, l'organisation finie, de passer à l'offensive générale.

Dès le 11 mars l'Empereur avait traité cette question de l'offensive générale dans une lettre à Eugène et là il explique qu'il veut l'entreprendre sur Stettin pour aller de là sur la Vistule débloquer Danzig; il fait ressortir toute l'importance qu'a alors le point de Havelberg. Ce plan d'offensive nous montre en plein jour le caractère entreprenant de Napoléon et la confiance qu'il avait dans les ressources de son génie. Il ne craint pas de s'engager dans une marche qui, longeant d'un côté la mer, prête de l'autre le flanc à l'ennemi, lui donnant ainsi

---

[1] N. à Eugène 15 mars 1813. — [2] Ibid., 18 mars 1813.

l'occasion d'une attaque dans les meilleures conditions. Mais un tel plan est-il seulement raisonnable, ne rappelle-t-il pas en tous points la marche de flanc qu'entreprit en août 1870 le maréchal de Mac-Mahon le long de la frontière de Belgique et qui aboutit au désastre de Sedan? Voilà comment à la guerre tout dépend des circonstances et combien il est vrai que, si deux font la même chose, ce n'est pas la même chose. D'abord Napoléon comptait être numériquement au moins égal à ses adversaires, puis il était convaincu que la suite et la rapidité de ses mouvements lui feraient gagner sur l'ennemi une avance notable, enfin il avait sur ce dernier l'avantage d'une plus grande expérience de la guerre et de l'unité du commandement, toutes choses qui en août 1870 étaient à l'inverse. Peut-on, en tenant compte de ces circonstances, critiquer l'Empereur d'avoir établi ce plan, quelque risqué qu'il fût, surtout si l'on pense aux résultats qu'il pouvait donner en cas de réussite?

Puis le 14 mars, n'étant pas bien sûr qu'Eugène exécutera assez promptement l'ordre donné, et voulant à tout prix avoir une forte troupe en avant de Magdebourg, il écrit à Lauriston: «Mon intention est que vous ramassiez vos quatre divisions à une lieue en avant de Magdebourg, que vous vous couvriez par quelques lunettes et que vous annonciez de tous côtés que vous partez pour reprendre l'offensive.» Mais, dès le lendemain, il revient à la charge auprès d'Eugène, il lui développe tous les côtés faibles que présentent ses dispositions: «Rien n'est plus dangereux que d'essayer de défendre sérieusement une rivière en bordant la rive opposée; car, une fois que l'ennemi a surpris le passage, et il le surprend toujours, il trouve l'armée sur un ordre défensif trèsétendu et l'empêche de se rallier.» Le 18, il répète ce qu'il a dit et ajoute: «Il ne faut pas chercher si l'ennemi fera ou ne fera pas de mouvement ..... il faut enfin prendre une position qui vous mette à l'abri des volontés de l'ennemi ..... ce ne peut être que le résultat d'une position offensive.»

On trouverait difficilement une lecture plus instructive pour l'officier désireux de posséder son métier que les lettres de Napoléon, où l'Empereur, en expliquant le cas spécial le doigt sur la carte, en déduit des règles d'une application générale.

Pendant ce temps les corps russes et prussiens qui traversaient les Marches convergeaient vers Berlin. Le 11 mars Wittgenstein entre dans cette ville, où il restera jusqu'au 28; il compte avec les corps volants de Tettenborn, Tchernitchev et Dœrnberg environ 13,000 hommes. Le 17 il y est suivi par les 20,000 hommes de Yorck, tandis que Bülow avec 11,500 hommes, dès le 14, a passé l'Oder à Schwedt, suivi à distance d'une journée de Borstell, 5400 hommes, qui arrive de Colberg.

Dans ces mêmes jours la cour de Prusse avait enfin pris une résolution. Le 15 mars le tsar Alexandre était arrivé à Breslau, et son influence personnelle mit un terme aux indécisions qui avaient obsédé l'esprit du roi de Prusse, et ainsi, le 17, parut l'édit sur l'organisation de la landwehr et celui sur le landsturm, après que la veille déjà la déclaration de guerre avait été remise à l'ambassadeur français St. Marsan.

A la suite de ces résolutions, le corps d'armée

prussien, qui avait été organisé en Silésie sous
Blücher et qui atteignait alors le chiffre de 26,000
hommes, s'ébranle pour aller sur Bautzen. Il est
précédé, en guise d'avant-garde, par Wintzingerode.
Seule, l'armée principale reste encore immobile à
Kalisch. Toutes les troupes des monarques alliés,
russe et prussien, avaient été placées sous le commandement supérieur du vieux Kutusof.

Le 21 mars enfin Eugène donne suite aux in-
jonctions de Napoléon et rassemble en avant de
Magdebourg, Victor, Grenier et Lauriston, c'est-à-dire
60,000 hommes. Vis-à-vis de lui Wittgenstein se
rapproche de l'Elbe avec l'intention de se mettre
par Dessau en communication avec Wintzingerode.
Pour ce but il ordonne de jeter un pont à Rosslau,
opération qui sera couverte par un détachement de
Yorck; Kleist avec l'avant-garde de ce général se tient
devant Wittenberg, Borstell masquera Magdebourg,
tandis que Bülow est encore assez en arrière. —
Mais les nouvelles que Wittgenstein reçoit sur les
rassemblements qu'Eugène a faits devant Magdebourg
et sur deux ponts qu'il y a fait jeter, lui inspirent
des craintes pour Berlin et lui font comprendre la
nécessité de barrer aux Français la route de cette
capitale. Une attaque dirigée le 2 avril à midi
contre Borstell à Nedlitz et qui, répétée le lendemain, l'engage à se replier sur Gloina, ne fait que
confirmer Wittgenstein dans son plan de se tourner
contre Eugène; il ordonne donc à Bülow d'arriver
et rassemble Yorck vers Zerbst. Le 6 il compte
pouvoir passer à l'offensive avec 27,000 hommes, en
occupant l'ennemi de front par Bülow et Borstell,
et en tournant sa gauche avec Yorck et les Russes

sous le général Berg. Mais lorsque le 5 avril on lui rapporte que l'ennemi est en train de décamper, il ne veut plus différer l'attaque, il dirige alors Yorck sur Gommern, Berg suivra Borstell sur Vehlitz, Bülow arrivera par la route de Ziesar. — Les Français cependant n'étaient pas en retraite, mais en position: le corps de Grenier entre Nedlitz et Gommern, Lauriston à sa gauche, ayant une division en deuxième ligne à l'embranchement des grandes routes sur Berlin et sur Zerbst, Victor en arrière sur la digue du Klusdamm. Yorck déloge l'adversaire de Dannigkow, Borstell de même de Vehlitz, la cavalerie de Bülow dans l'après-midi charge encore avantageusement la gauche ennemie à Zeddemick. Ainsi Eugène voit partout refouler énergiquement ses premiers postes, insuccès qui l'engage à ne point reprendre la lutte le lendemain, mais à se replier entièrement derrière l'Elbe en rompant les ponts. Il appuie alors sa gauche à la Saale inférieure, sa droite au Harz et établit son quartier général à Neugattersleben. Wittgenstein fait investir Magdebourg sur la rive droite de l'Elbe par Bülow et Borstell, lui-même passe ce fleuve avec Yorck et Berg à Rosslau pour s'approcher de Blücher.

Ce général atteint le 14 avril Altenbourg, où il restera jusqu'au 28. Wintzingerode, précédé au loin par de petits détachements de cavalerie, avait occupé depuis le 19 mars la partie de Dresde qui est située sur la rive droite de l'Elbe (la Neustadt), le même jour Davout a fait sauter deux arches du pont en pierre qui relie les deux parties de la ville, et, à peu de jours de là, les Français avaient évacué la ville, suivis de près par les Russes. Le 3 avril

Wintzingerode arrive à Leipzig, de là il pousse des détachements à Mersebourg et à Halle. Wittgenstein, attirant à lui Kleist resté devant Wittenberg, et faisant passer l'Elbe à Bülow relevé par des troupes russes devant Magdebourg tandis que Borstell y reste, s'échelonne vers Leipzig en gagnant par ce rapprochement le contact direct avec Wintzingerode. Quant à l'armée principale russe, elle s'ébranla le 7 avril de Kalisch et, marchant par Militsch-Lueben, atteignit Bunzlau le 19. Là le vieux feldmaréchal Kutusof reste alité, pendant que ses troupes, sous Tormassov, poursuivent leur marche sur Dresde où elles arrivent le 24. Le 20 et le 21 avril cette ville a déjà vu entrer dans ses murs Miloradovitch qui, occupé d'investir Glogau, y avait été relevé par des troupes prussiennes sous Schuler von Senden; le 24 il arrive à Chemnitz.

Mais, en même temps que les armées russo-prussiennes s'approchaient de l'Elbe moyen, elles lançaient aussi des détachements volants dans les pays sur l'Elbe inférieur pour exciter à une levée nationale les pays du royaume de Westphalie et de la 32me division militaire. Déjà Carra St. Cyr, qui commandait dans ce dernier district, avait, le 12 mars, évacué Hambourg, craignant une prise d'armes générale, et le 18 le chef de cosaques Tettenborn y entra, ayant poursuivi jusqu'à l'Elbe le général Morand qui, voyant qu'il ne pourra plus atteindre en sûreté Hambourg, se rend à Brême où il rallie Carra St. Cyr. Les deux généraux, s'étant renforcés là, se mettent en mesure de reprendre l'offensive, mais à la mise en exécution de ce plan, Morand voit, à Luenebourg, cerner et anéantir ses 2000 hommes par

Dœrnberg et Tchernitchev. Cependant, dès le lendemain 3 avril, ces deux chefs de colonne doivent de
nouveau quitter cette ville devant l'avant-garde de
Davout qui s'approchait avec un plein pouvoir illi-
mité et des instructions très-sévères pour faire rentrer dans la soumission la 32me division militaire.
Eugène, en même temps qu'il s'établissait en avant
de Magdebourg, avait retiré ce maréchal de Dresde
pour lui donner, toujours selon les conseils de l'Empereur, le commandement sur le bas Elbe et dans
la 32me division militaire.

Les premiers mouvements des Russes et des
Prussiens alliés ne présageaient rien de bon pour
la campagne à venir, ils manquaient absolument
d'ensemble. Il est une grande règle que Jomini pose
avec raison comme principe fondamental de la guerre
et qu'il formule ainsi: «porter par des combinaisons
stratégiques le gros des forces d'une armée successivement sur les points décisifs d'un théâtre de
guerre»[1], ailleurs il exprime cela par ces mots:
«l'emploi des masses sur les points décisifs constitue
seul les bonnes combinaisons»[2], ou encore, comme
Napoléon s'exprime en écrivant d'Erfurt, le 28 avril,
à Eugène: «Vous devez savoir que mon principe est
de déboucher en masse.» Ici nous ne voyons ni
réunir une grande masse, ni porter sur le point décisif les forces qu'on a réussi à réunir.

D'abord on avait eu raison de talonner les Français sans trop s'inquiéter de ce qu'on eût ou non
toutes ses forces à portée, l'armée ennemie étant dé-

---

[1] Précis de l'art de la guerre.
[2] Histoire critique des camp. de F., II.

bandée toute précaution devenait inutile, comme après Waterloo, aurait été même nuisible, comme après Sadowa; mais déjà sur l'Oder, et plus encore en avant de Berlin on put s'attendre à voir l'ennemi tenir tête, et si Eugène avait mieux su son métier, il eût pu le faire avec assez de forces pour y mettre déjà un terme aux progrès décousus des Russes.

Lorsqu'enfin les Français s'arrêtent derrière l'Elbe, les troupes de leurs adversaires sont disséminées on ne peut plus. L'armée principale russe n'avait pas bougé de Kalisch, faute grave s'il en fut. Scharnhorst écrivait dès le 5 avril: «il est très-nécessaire que la grande armée russe suive maintenant, si, dans ce moment, cette armée, faible mais accoutumée à vaincre, était sur l'Elbe et à Dresde, nous pourrions opérer librement et oser des coups décicifs». C'est une faiblesse intime, inhérente à toute offensive poussée rapidement et loin en avant, que celle de s'affaiblir par la marche même en avant, tandis que l'adversaire, refoulé sur ses ressources, se renforce, et ainsi il viendra un moment, où, en vertu même des progrès faits, on se verra plus faible que l'adversaire. C'est ce que Napoléon dit en écrivant à Eugène le 9 mars: « les Russes ..... ne peuvent pas avoir aujourd'hui une armée disponible égale à la vôtre; ils s'affaiblissent et vous vous renforcez». Souvent déjà cette expérience avait été faite, Annibal la fit après Cannes, Frédéric le Grand lors de la bataille de Colin, Napoléon lui-même lors du traité de Léoben et de la bataille de Preussisch-Eylau, enfin nous en avons vu un exemple en 1870, où l'offensive écrasante des Allemands, une

fois qu'elle avait poussé jusqu'à Paris, se vit contre-
balancée par le fait même des ressources du pays
au cœur duquel elle était arrivée.

Mais, puisque l'offensive s'épuise ainsi, il importe
surtout de l'alimenter constamment par l'arrivée de
réserves, donc Kutusof, en refusant de suivre incontinent, commettait une faute marquée. Restaient
Blücher et Wittgenstein, et ceux-ci au moins il
fallait les réunir pour avancer contre l'Elbe. Mieux
eût valu rassembler l'armée de Blücher d'emblée
aussi dans les Marches, alors on n'avait plus besoin
de former une masse par des opérations concen-
triques, entreprise toujours un peu précaire; cependant le rassemblement en Silésie avait été une nécessité inévitable, grâce à la politique chancelante
de la Prusse. Par la marche en avant on a réellement opéré la jonction de Blücher et de Wittgenstein, mais en formant ainsi une masse, on ne la
porta pas sur le point décisif. Ce point, c'était le
bas Elbe, là on trouvait une population toute prête
à s'insurger et en partie déjà en insurrection contre
l'oppresseur étranger; on devait solidement y prendre
pied et de là ou bien, en cas d'offensive, marcher
sur les communications de l'ennemi et forcer Napoléon, qu'on supposait à Erfurt, de suspendre sa
marche en avant pour prendre la direction excen-
trique sur Hanovre qui devait peu lui convenir, ou
bien, en cas de défensive, on pouvait mettre à profit
la formidable barrière du bas Elbe et l'esprit anti-
français des habitants. Napoléon lui-même a bien
senti ce qu'une telle opération des alliés aurait de
gênant pour lui lorsqu'il dit, le 15 mars: «je préfé-
rerais voir l'ennemi à Leipzig, Erfurt et Gotha plutôt

qu'à Hanovre et à Brême.» En se portant sur Altenbourg et Leipzig, on avait à la vérité l'espoir, en agissant énergiquement, d'amener la Saxe à entrer dans la coalition, mais, si celle-ci résistait, on était dans une position avancée, de front devant les masses de Napoléon, et plus encore, si ce dernier débouchait en force de Magdebourg sur Berlin, on aurait été rappelé promptement derrière l'Elbe. Ainsi en prenant la direction sur Erfurt, on ne pourrait jamais aller beaucoup au delà de l'Elbe, vu que Kutusof n'était point encore à portée, tandis qu'en allant sur Brême, on ajoutait à son théâtre d'opération tout le pays entre l'Elbe et le Weser.

Même en détail les mouvements des troupes alliées laissent à désirer, ceux de Wittgenstein ne prouvent nullement en faveur des facultés de ce général à diriger une armée. Pendant sa marche vers l'Elbe il avait, on ne peut plus, éparpillé ses troupes; si, à la place d'Eugène, Napoléon se fût trouvé en avant de Magdebourg, il lui aurait fait payer cher cette faute, il lui aurait durement rappelé les journées de Montenotte, Millésimo, Dégo.

De l'autre côté nous voyons Eugène suivre enfin les conseils de l'Empereur, et, du moment qu'il s'établit en avant de Magdebourg, l'avantage de cette position offensive se fait valoir tout comme l'Empereur l'avait prédit; l'initiative des mouvements revient aux Français, car l'ennemi, tout de suite, règle ses manœuvres sur les intentions qu'il suppose à Eugène. Cependant ce dernier ne sait pas tirer tout le profit possible de sa situation, il avance timidement, puis se replie, permet à l'ennemi de rassembler ses troupes disséminées et, par tout cela, l'encourage tellement que cet ennemi ose enfin l'affronter en bataille ayant 27,000 hommes contre 60,000. La journée même du combat montre qu'Eugène n'avait pas plus d'expérience en grande tactique qu'il n'en avait prouvé jusqu'alors en stratégie. Considérablement supérieur en nombre, il se voit attaquer par trois colonnes différentes, sur une ligne de huit kilomètres d'étendue, et nulle part il ne sait concentrer une grande masse pour frapper un coup décisif. Napoléon avec une telle supériorité de forces n'eût pas manqué d'enfoncer le centre en culbutant Borstell et Berg, ce qui aurait valu à Wittgenstein une déroute complète, méritée par son insouciance.

CHAPITRE II.

L'Empereur arrive. — Il avance contre la Saale et la franchit. — Bataille de Lutzen. — Retraite des Alliés derrière la Sprée. — Bataille de Bautzen. — Retraite des Alliés en Silésie et armistice.

Dans la nuit du 15 au 16 avril l'Empereur quitte St. Cloud; le 17 il arrive à Mayence. En ce moment ses troupes actives sont disposées de la manière suivante:

Au nord Davout est en marche vers le bas Elbe pour y réprimer l'insurrection 30,000 hommes avec 70 bouches à feu.

Eugène est sur la basse Saale avec 70,000 hommes et 180 bouches à feu.

La grande armée est en voie de concentration; il y a:

le 1ᵉʳ corps d'observation du Rhin — Ney en marche sur Erfurt . . . . 50,000 hommes.

le 2ᵐᵉ corps d'observation du Rhin — Marmont en marche sur Eisenach . . 27,000 hommes.

le corps d'observation de l'Italie — Bertrand, se dirige sur Bamberg. . . . 40,000 hommes.

la garde impériale, à Mayence. 18,000   „

Mais, ces chiffres étant au grand mot, on ne peut

estimer le tout à plus de 200,000 hommes avec moins de quatre cents bouches à feu.

Pour la campagne qui va commencer l'Empereur organise son armée, comme toujours, en corps, dont il confie le commandement à ses compagnons d'armes déjà célèbres par tant de guerres. L'armée dans son entier se constitue donc comme il suit:

Major-général, Berthier. Les gardes sous Mortier, le 1er corps Davout, le 2me corps Victor, le 3me corps Ney, le 4me corps Bertrand, le 5me corps Lauriston, le 6me corps Marmont, le 7me corps se formera plus tard et sera commandé par Reynier, Poniatowski est désigné comme 8me corps, le numéro 9 est réservé aux troupes qu'Augereau forme en Bavière, Rapp avec la garnison de Danzig, figure comme 10me corps, le corps de Grenier placé sous le commandement de Macdonald est le 11me, enfin Oudinot reçoit le 12me corps formé avec des divisions retirées à Bertrand.

On ne saurait voir cette armée aller à la rencontre de son adversaire, jusqu'alors victorieux, sans admiration pour le grand génie qui, en si peu de temps, a créé, organisé et mis en mouvement tous ces bataillons. Cependant, par le fait même d'une telle improvisation, l'armée devait avoir de sérieux côtés faibles sans qu'on pût y remédier, les efforts même d'un génie napoléonien devant rester impuissants contre la nature même des choses. Ainsi ces soldats, à peine adultes et novices sous les drapeaux, devaient facilement fléchir dans les fatigues, peu résister aux maladies, enfin être rebelles à la discipline. Et cette gangrène devait d'autant plus envahir la troupe que le corps des officiers était non moins improvisé. Trop d'officiers avaient péri en 1812 pour qu'il fût encore possible d'en doter toujours la troupe avec de bons, et ainsi on ne peut nullement s'étonner lorsqu'on entend l'Empereur dans sa correspondance se plaindre plus d'une fois des «officiers ineptes» qui «sont la risée des soldats», et des «jeunes gens qui sortent des colléges de manière qu'ils ne savent rien». Ce manque d'officiers expérimentés s'est fait sentir pendant toute la campagne; encore le 4 octobre Napoléon écrivit à Marmont: «Vous m'envoyez des officiers qui sont des enfants, qui ne savent rien et ne peuvent donner verbalement aucun renseignement: envoyez-moi des hommes».

Et même dans les plus hauts rangs de l'armée tout n'était pas pour le mieux. Il est vrai que là ce n'est pas le reproche du manque d'expérience qu'on peut répéter, car tous les grands commandements étaient entre les mains de généraux qui s'étaient illustrés par des victoires dans tous les pays de l'Europe et qui ne connaissaient presque pas le repos de la paix. Mais ces généraux, fils de leurs œuvres, maintenant étaient parvenus au but de leur carrière, et il y a cette différence entre celui qui arrive et celui qui est arrivé, que le premier doit travailler et que l'autre veut jouir. Ils étaient gorgés de gloire, d'honneurs et de richesses et ne songeaient plus qu'à les garder et, s'ils avaient peu connu le repos, ils ne l'en désiraient que d'autant plus. En outre, si l'Empereur avait su se faire obéir comme peu d'hommes, il avait en même temps par là étouffé dans ses subordonnés l'esprit de l'initiative, cet esprit qui, allant au-devant de la responsabilité, devait dans cette même campagne trouver un si beau et heureux représentant dans Blücher.

Enfin une faiblesse de détail, mais surtout gênante pour une offensive rapide et suivie, était l'extrême pénurie en cavalerie qui s'explique facilement, par ce que la cavalerie est l'arme qui, moins que toute autre, se prête à une improvisation. Un de ceux qui ont participé à cette campagne a dit: «Jamais, dans aucune campagne, le vide que laisse le manque de cavalerie ne s'était plus fait sentir que dans celle-ci.» [1]

L'esprit pénétrant de l'Empereur ne put se faire illusion sur l'état réel des choses, aussi s'appliqua-t-il à combler le plus possible les lacunes existantes; il demanda de la cavalerie à tous les princes-vassaux de l'Allemagne, il ordonna de pousser activement l'instruction de la troupe pendant les marches de concentration mêmes, il alla jusqu'à prescrire lui-même les écoles à faire, cependant il ne put changer le fond des choses.

Mais, plus nous nous convainquons combien il manquait de qualités solides à la grande armée de 1813, plus nous admirerons l'Empereur remportant des victoires avec cette même armée, et nous dirons que le grand génie sait vaincre quelle que soit la qualité de la troupe. En 1796 le général Bonaparte avait déjà révélé au monde cette vérité, l'Empereur Napoléon allait maintenant la confirmer. Jomini est du même avis lorsqu'il dit: «Je crois que, si Napoléon avait commandé les armées les mieux exercées,

---

[1] Berthezène, Souvenirs militaires.

il n'aurait rien fait de plus.»[1] Et du côté des Alliés encore il ne manquera pas de preuves pour cette assertion; les batailles de Grossbeeren et de Dennewitz montrent par leur détail que les troupes prussiennes de nouvelle levée qui y agissent, malgré leur bon esprit, n'étaient guère solides, néanmoins leurs généraux entreprennent des attaques extrêmement hardies et, par leur énergie, vainquent non-seulement l'ennemi, mais aussi ce qu'il y a de faible dans la qualité de leur troupe.

Cependant on serait bien mal avisé si de ceci on voulait déduire que la qualité de la troupe est toujours indifférente; elle importe au contraire beaucoup dans la plupart des cas et souvent même prime le nombre, cet autre facteur dans le calcul des victoires. La campagne des troupes allemandes en 1870/71 contre les levées nationales de la république parle trop haut pour ne pas fixer notre attention. Puisqu'aucun pays ne peut compter avoir toujours à la tête de ses armées un génie de premier ordre, tel que Napoléon, il faut soigneusement mettre de son côté la meilleure qualité des soldats et, soit dit en passant, les exercices supplémentaires que les soldats de 1813 firent encore pendant les marches de concentration ne sont plus permis aux nôtres, transportés sur la frontière en quelques jours par les chemins de fer. — Le plan de l'Empereur à l'ouverture de la campagne était de se porter sur Leipzig, ainsi qu'il l'écrit à Ney: «Je pense que le premier point sera d'arriver à Leipzig. Le vice-roi pourrait déboucher par Merse-

---

[1] Traité des grandes opérations militaires.

bourg.»[1] Mais, fidèle à son principe de déboucher en masse, il veut préalablement se réunir avec Eugène. «Pour ce moment, ma grande affaire c'est de me réunir au vice-roi.»[2] «La grande affaire en ce moment c'est la jonction»[3] et pour arriver à ce but, sans donner l'éveil à l'ennemi, «tous les mouvements doivent se faire derrière la Saale comme derrière un rideau.»[4]

C'est du reste caractéristique pour la stratégie de Napoléon qu'il place toujours le point de concentration de ses forces devant le champ de bataille présomptif. Nous le verrons encore, lorsqu'il se porte à Dresde au mois d'août, prendre soin de donner rendez-vous à ses corps à Stolpen et ce rassemblement il le couvrira de même par un fleuve, par l'Elbe. De cette manière, lorsqu'il débouche au delà du fleuve, il le fait en masse et est en mesure de pourvoir à tout selon les circonstances. En cela la stratégie moderne prussienne lui fait contraste, car elle place toujours le point de concentration sur le champ de bataille même, comme elle en a fourni des exemples manifestes à Sadowa, à Wœrth, à Orléans, au Mans. L'issue dans ces cas lui a donné raison, et le succès était mérité par l'exactitude du calcul et l'énergie de l'exécution, mais la théorie peut dire que cette opération sur lignes convergentes ne vaut pas le principe napoléonien de déboucher en masse. — Ainsi Napoléon établit, le 25 avril, son quartier général à Erfurt, Eugène, pour sa personne alors à

---

[1] Lettre à Ney. Erfurt, 28 avril.   [2] Au même. Erfurt, 26 avril.   [3] Au même. Erfurt, 28 avril.   [4] Au même. Erfurt, 27 avril.

Mansfeld, a son armée sur la Saale inférieure entre le Harz et l'Elbe, Ney est en avant de Weimar, occupant le défilé de Cœsen, les gardes à Erfurt, Marmont à Gotha, Bertrand à Saalfeld, enfin Oudinot à Cobourg. L'Empereur estime les forces des Alliés sur la rive gauche de l'Elbe, assez juste, de 60 à 70,000 hommes.[1]

A cette même date, nous trouvons le quartier général des monarques alliés à Dresde; Wittgenstein, 20,000 hommes, est à Delitzsch, ses troupes entre la Mulde et la Saale jusqu'à l'Elbe; Blücher, 23,000 hommes, à Altenbourg, concentré autour de la ville; Wintzingerode, 10,500 hommes, se tient à Lützen, ayant des détachements le long de la Saale; Tormassov avec l'armée principale ou réserve, 17,000 hommes, à Dresde et son avant-garde sous Miloradovitch, 11,500 hommes, à Chemnitz. Enfin Bülow est entre Dessau et Cœthen, couvrant les passages de l'Elbe à Aken et à Rosslau. Nous l'abandonnons ici, car il ne participera pas directement aux mouvements ultérieurs de l'armée alliée, pour raconter plus tard ses opérations en entier.

Dans cette situation, l'armée française avance sans interruption contre la Saale, Eugène se dirigeant sur Mersebourg, l'armée du Mein (Ney, gardes, Marmont, Bertrand, Oudinot) sur Weissenfels. De l'autre côté Wittgenstein se déplace à gauche sur Leipzig et le 28, jour où les premières troupes de Napoléon poussent contre la Saale, on met aussi en marche Tormassov. Le 29 les deux colonnes de Napoléon s'emparent respectivement de Mersebourg et de Weissenfels:

______

[1] Lettre à Bertrand. Mayence 19 avril.

la jonction est donc faite; Tormassov continue à marcher en avant, Blücher se déplace à droite, à Borna. Le lendemain, 30 avril, Tormassov avance encore, Wittgenstein se concentre sur Zwenkau en gardant Leipzig avec Kleist. Wintzingerode se rassemble à Lützen. Le 1 mai Napoléon continue d'avancer sur Leipzig et les Alliés de se concentrer au sud de cette ville à Zwenkau, Rötha, Borna, laissant Kleist à Lindenau, à l'embranchement des routes de Leipzig sur Mersebourg et Weissenfels; enfin Wintzingerode, comme avant-garde, est détaché au loin en avant de Lützen. Ce dernier est repoussé par l'armée du Mein et Napoléon atteint Lützen avec sa vieille garde et y établit son quartier général, à droite Ney arrive à Caja, Marmont au ravin de Rippach, la jeune garde atteint Weissenfels, Bertrand Poserna et Oudinot s'approche de Naumbourg; l'armée d'Eugène atteint Markranstædt.

Ainsi à la veille de la première bataille le plan de Napoléon de se joindre à Eugène et de déboucher en masse est exécuté. S'il y a encore des corps quelque peu en arrière, pourtant il peut dès lors compter qu'il réunira tout son monde en temps utile pour la grande décision tactique. C'est surtout dans les grandes concentrations habilement calculées et énergiquement exécutées que Napoléon a excellé, et la dernière de toutes ses campagnes en donna encore une preuve mémorable, lorsqu'il « fondait comme l'éclair », pour employer les expressions de Jomini, « sur Charleroi et les quartiers de Blücher avec des colonnes convergeant de tous les points de l'horizon. » Parmi les campagnes modernes il n'y a que la grande concentration des armées allemandes en juillet 1870 qui atteint à un égal mérite; le nouvel engin de guerre, les voies ferrées, y furent exploitées d'une manière admirable.

Vers le milieu de cette journée du 1er mai les souverains alliés décident qu'ils accepteront la bataille, ils investissent Wittgenstein du commandement en chef pour avoir de l'unité dans les opérations. Celui-ci, général de caractère entreprenant, résout de tomber le lendemain offensivement dans le flanc droit de la colonne de Napoléon qu'il sait en marche sur Leipzig, en mettant à profit dans les plaines ouvertes de Lützen sa supériorité en cavalerie. Seulement Bertrand, qui avance sur Stœsen, lui donnant des craintes sur son aile gauche, il place Miloradovitch à Zeitz.

La résolution des souverains de donner bataille mérite d'être étudiée. Devait-on, la situation donnée, se battre, lorsqu'on avait encore toute liberté de décamper? On savait que l'adversaire avait presque le double des forces alliées. «Selon toutes les nouvelles, on devait estimer l'armée française à 160,000 ou 170,000 hommes auxquels la puissance combinée ne pouvait opposer plus que la grosse moitié.»[1] On avait du reste tout à redouter de l'habileté tactique de Napoléon. Mais, de l'autre côté, que serait-il advenu une fois qu'on aurait commencé à battre en retraite? Les places fortes sur l'Elbe et sur l'Oder étant encore occupées par les Français, on n'aurait pu adopter un système efficace de défense sur aucune de ces barrières fluviales, et ainsi, par la seule retraite, on

---

[1] Müffling, La campagne russo-prussienne de l'année 1813.

aurait perdu tout le terrain jusqu'à la frontière de Pologne, résultat qui ne pouvait être pire même après une défaite. Puis l'impression morale aurait été des plus fâcheuses; le peuple prussien, exalté par l'espoir de recouvrer son indépendance politique, avait fait les plus grands efforts, mais, pour soutenir un tel enthousiasme, il faut la lutte, dût-elle être malheureuse; la nation n'aurait pas compris une retraite à laquelle on n'était pas forcé visiblement par les armes de l'ennemi, elle l'aurait attribuée à la pusillanimité des chefs et n'aurait plus fait de sacrifices pour des chefs pusillanimes. Enfin, que pourrait-on espérer encore de l'Autriche et des princes de l'empire, si Napoléon n'avait qu'à se montrer pour faire reculer toute l'alliance russo-prussienne?

Ainsi on devait se battre, et, puisqu'on le devait, on avait raison encore de tenter un coup offensif. On savait Napoléon en marche sur Leipzig, il prêtait donc son flanc, on savait que quelques-uns de ses corps étaient encore en arrière, on connaissait son manque de cavalerie, tout cela, malgré l'inégalité du nombre, permit de croire à un succès. L'énergie de cette résolution fait un contraste frappant avec la conduite qu'on avait tenue en 1806 et montre combien la leçon d'alors avait profité. Là aussi on s'était trouvé en nombre inférieur, offensivement aventuré à la rencontre de l'adversaire, et ainsi placé devant l'alternative, ou bien de décamper devant des forces doubles, ou bien d'essayer par une offensive énergique de battre une partie de ces forces. Mais, indécis, sans confiance en soi-même, on ne fit rien, si bien qu'il était trop tard pour l'une et l'autre résolution.

L'esprit qui animait les généraux de 1813 ressort

des lignes suivantes écrites par Scharnhorst à sa fille[1]: «Nous croyons être très-faibles en comparaison avec l'ennemi et il a pris tous les moyens possibles pour nous faire croire à sa force supérieure. ainsi nous pouvons en cela nous tromper. Qu'il soit aussi supérieur que possible, qu'il remporte sur nous maintenant les plus grandes victoires. toute la disposition de la guerre est telle que. dans le courant de cette campagne, aussi bien la supériorité que la victoire ne peuvent nous échapper,» et l'esprit de la troupe est le mieux caractérisé par ce qu'on a dit de l'armée française de Crimée et d'Italie: «Chacun individuellement *veut* vaincre et ne doute pas du succès, et souvent l'armée a vaincu, parce que chaque soldat, individuellement. avec toute son énergie. *voulait* vaincre.[2]» De tels généraux et de tels soldats peuvent être battus. mais non être définitivement vaincus.

Ainsi le 2 mai. selon la disposition de Wittgenstein. on passe l'Elster en 2 colonnes. à Storkwitz et Pegau. puis s'établit. vers 11 heures. au delà du Flossgraben. entre Werben et Domsen. Blücher en première ligne. Yorck et Berg en seconde. Wintzingerode à gauche en avant de Domsen. Tormassov en réserve à Pegau: toute cette armée est forte de 70.000 hommes. En outre il y a Kleist. 5000 hommes. à Lindenau et Miloradovitch. 11.500. à Zeitz.

L'Empereur, qui «ignorait la position véritable de l'ennemi et ne supposait pas qu'il se décidât si promptement à l'offensive.[3] s'imagine que Blücher est tou-

---

[1] Altenbourg. 28 avril.　　[2] L'armée française sur le champ de manœuvre et en campagne (Berlin. 1861).　　[3] Marmont, Mémoires.

jours à Altenbourg et il croit ainsi pouvoir battre Wittgenstein seul derrière Leipzig. Sa grande concentration en avant de la Saale avait principalement été effectuée à l'effet de lancer sur les Alliés, même s'ils réunissaient toutes leurs forces, une grande supériorité numérique; cependant, de bonne heure déjà, il avait aussi pris en considération le cas de trouver Wittgenstein encore isolé, car il ne manquait jamais de faire entrer dans son calcul le caractère de son adversaire. « Comme Wittgenstein est assez audacieux, écrit-il le 28 avril d'Erfurt à Ney, en débouchant avec de fortes masses on peut lui faire éprouver beaucoup de pertes.» Après un tel succès il comptait alors se tourner à droite, couper à Blücher toutes les routes vers l'Elbe et le prendre de revers avec une écrasante supériorité. Alors, d'un seul coup, comme à Iéna, il finissait la campagne.

Dans cette idée, il avance résolûment avec Lauriston contre Leipzig pour s'emparer de la ville et achemine le reste de l'armée à sa suite. A 9 heures Lauriston engage le combat contre Kleist; celui-ci résiste bravement, ce qui ne fait que confirmer l'Empereur, qui assiste à ce combat, dans son idée sur la situation. Mais, vers midi, il entend le canon de Wittgenstein gronder fortement en arrière sur sa droite; tout de suite il pénètre le dessein véritable des Alliés et se porte au galop à Lützen. Dans ce moment la situation de son armée est la suivante: Sur le point d'attaque des Alliés il y a seulement Ney qui, avec ses 40,000 hommes, a occupé les villages de Gross- et Klein-Gœrschen, Caja, Rahna et Starsiedel; Eugène est à Markranstædt, l'Empereur le dirige contre la droite de l'ennemi, la garde servira de réserve derrière le centre; elle était alors près de Lützen; Marmont, qui est en marche de Rippach, entrera en ligne sur la droite de Ney, enfin Bertrand arrivera de Poserna pour tomber sur la gauche et le dos de Wittgenstein. Tout cela compte près de 120,000 hommes, sans préjudice des 15,000 de Lauriston.

Wittgenstein débute en donnant vers midi l'ordre qu'une brigade prussienne doit s'emparer des villages cités plus haut comme étant occupés par Ney. Cette occupation des villages a, du reste, quelque peu déconcerté le général russe, qui ne s'attendait pas à tomber sitôt sur l'ennemi et à le trouver en position. Après la prise des villages, il avancera avec toute l'armée et attaquera l'ennemi, — dont il suppose le gros à Lützen, — en débordant sa droite. Un combat opiniâtre s'engage autour des villages, et les autres brigades prussiennes doivent, elles aussi, entrer successivement en ligne, les villages changent d'occupant à diverses reprises, mais aucun des deux adversaires ne peut définitivement s'y établir. Du côté des Français Marmont entre en ligne, et l'apparition de Bertrand vis-à-vis de la gauche des Alliés, c'est-à-dire de Wintzingerode, inquiète ceux-ci assez pour les engager à appuyer ce général par toute l'infanterie de Berg, puis aussi par la grosse cavalerie russe, tirée de la réserve. Ainsi les Prussiens, qui ont tout engagé, restent sans soutien immédiat. Ils ont alors réussi à s'emparer sous de fortes pertes des villages au centre, mais Eisdorf et Starsiedel sur les flancs restent aux Francais qui de là battent les Prussiens d'écharpe; en vain Yorck s'acharne-t-il contre Starsiedel. Alors l'Empereur «jugea que le moment de crise qui décide du gain ou de la perte des batailles était arrivé[1]» et dirigea les seize bataillons de la jeune garde sur Caja en les faisant soutenir par la division Bonnet, de Marmont; en même temps il ordonne au général Drouot, son aide de camp, de réunir une grande batterie de 60 canons pour ouvrir la trouée. Les Prussiens, déjà très-éprouvés, sont délogés, l'arrivée d'un corps de la réserve russe leur donne encore un retour heureux, mais alors, 7 heures, Eugène fait irruption avec le corps de Macdonald sur Eisdorf et les réserves russes, qui accourent, ne servent plus qu'à procurer à l'armée en retraite une halte entre Gross-Gœrschen et le Flossgraben.

Kleist, en attendant, a lentement reculé devant Lauriston, à deux heures il évacue Leipzig et le soir il est à Wurzen; Miloradovitch a atteint Zeitz; l'après-midi, il entend distinctement la canonnade de Lützen, mais reste où il est.

Cette bataille est un exemple manifeste comment un plan, judicieusement conçu, peut être gâté par l'éxécution et prouve par là comment à la guerre ce ne sont pas ceux qui ont le plus d'esprit pour inventer de bons plans de campagne qui remportent les victoires, mais ceux qui ont le plus d'énergie pour les exécuter, et nous nous souvenons à cette occasion que Jomini dit: «Les qualités les plus essentielles pour un général d'armée seront toujours: Un grand caractère, ou courage moral qui mène aux grandes résolutions; puis le sang-froid, ou courage physique qui domine les dangers. Le savoir n'apparaît qu'en troisième ligne.[2]»

---

[1] Bulletin de la Grande Armée. Lützen, 2 mai. [2] Précis de l'art de la guerre.

Puisqu'on savait que le tout des forces de Napoléon représentait une supériorité numérique notable, mais que ce tout n'était pas encore sur place, toute la chance de réussite d'une offensive hardie dans son flanc reposait sur la promptitude de l'exécution, il fallait donc avoir culbuté le premier corps ennemi qu'on trouverait avant que l'Empereur ne pût rassembler à son aide le reste de son armée. Et c'est le contraire que Wittgenstein fit. Trouvant Ney inopinément en position, il s'épuise contre lui en attaques partielles qui ne servent qu'à lui faire perdre le moment favorable et à dévorer sa troupe. Il est vrai que, peut-être, il n'a pas pu agir à sa guise, car «au fond personne ne commandait, ou plutôt tout le monde, l'Empereur (Alexandre), d'Auvray, Diebitsch, Blücher, Scharnhorst, même les aides de camp de l'Empereur, mais le moins de tous Wittgenstein qui même ne savait pas au juste où les brigades et régiments se trouvaient.[1]»

C'est encore un avantage que Napoléon a vis-à-vis des Alliés que celui de commander seul et de n'exécuter que ses propres plans. Mais aussi quel contraste frappant ses mouvements simples et concentrés ne font-ils pas avec le placement des Alliés et leurs projets multiples. Sous ce rapport, il est intéressant de lire un ordre de Wittgenstein du 27 avril, signé d'Auvray, où, après avoir assigné leurs emplacements aux corps, on se livre à un long examen de quatre différentes éventualités, selon que l'ennemi fera ceci ou cela, et où il est dit en détail à chaque chef de

---

[1] Wolzogen, Mémoires.

corps ce qu'il faudrait faire dans chacun de ces cas. C'est surtout dans la défensive qu'on succombe à cette tentation de vouloir prévoir d'emblée tous les cas parce que, et c'est la faiblesse fondamentale de la défensive, on ne sait jamais sûrement où l'ennemi viendra.

Du côté des Français, le tableau est bien autre. Napoléon ne sait pas où est l'ennemi, il engage son armée dans une fausse direction, ses corps en partie sont encore assez en arrière, la tête de sa colonne est en plein combat, tout à coup l'armée ennemie assaillit son flanc droit: il n'y a guère de situation plus pénible à la guerre que de recevoir ainsi à l'improviste un assaut dans le flanc d'une colonne de marche. Voilà que se fait voir le profit qu'il y a à «déboucher en masse,» on peut encore rassembler suffisamment de monde pour parer à un danger imprévu et avec un peu de chance et du talent, pour en tirer même un succès.

Toutefois la promptitude de la résolution de l'Empereur à la première apparition de Wittgenstein restera remarquable. C'est qu'il professait en principe qu'un «général en chef doit se demander plusieurs fois par jour: Si l'armée ennemie apparaissait sur mon front, sur ma droite ou sur ma gauche, que ferais-je? Et s'il se trouve embarrassé, il est mal posté, il n'est pas en règle, il doit y remédier.» Ainsi, malgré tout, ce n'était pas au dépourvu qu'il fut pris.

Du reste, il devait dans sa situation attacher beaucoup de prix à un premier succès; son effet moral, non-seulement sur l'Europe, mais surtout sur les jeunes soldats français, pouvait influencer toute la campagne. Aussi écrit-il encore le 7 juin à Cambacérès: «La victoire de Lützen, victoire inattendue et qui a changé la position de nos affaires» . . . ., et sur le champ de bataille il s'exposa tellement, que Marmont a pu dire: «C'est probablement le jour où, dans toute sa carrière, il a couru le plus de dangers personnels.»

La bataille même est caractéristique pour la tactique de Napoléon. Elle nous montre comment il laissait, pendant des heures, peser tout le poids de l'action sur un corps, en profitant de ce temps pour diriger les autres sur les ailes et, si faire se peut, le dos de l'ennemi. Il a dit lui-même «que les corps les plus à proximité étant engagés, il les laissait faire sans trop s'inquiéter de leurs bonnes ou mauvaises chances; qu'il avait seulement grand soin de ne pas céder trop facilement aux demandes de secours de la part de leurs chefs.[1]» Puis, lorsqu'il voit l'ennemi épuisé, lorsque «le moment de crise qui décide du gain et de la perte des batailles» se déclare, il arrache au sort la victoire par un grand effort de sa réserve, soigneusement gardée et savamment mise à portée à cet effet, car «les batailles ne se gagnent qu'en renforçant la ligne dans un moment critique,[2]» et cet effort il ne manque jamais de le préparer et de le soutenir par une batterie énorme.

En comparaison avec cela, les batailles de la guerre de 1870/71 nous offrent le spectacle de luttes qui se terminent par l'épuisement des forces d'un des deux adversaires et quelquefois même des deux: une avant-garde, un premier corps qui s'engagent sont trop

---

[1] Gouvion Saint-Cyr, Mémoires.   [2] Napoléon à Murat. Düben, 13 octobre.

promptement renforcés par les troupes à portée et ainsi, le moment de crise venu, on n'a plus de troupe fraîche pour porter un coup décisif sur un point voulu, car, et il est bon de toujours se tenir cela présent à l'esprit, une fois que dans nos batailles on a engagé une troupe dans une certaine direction, on ne peut plus l'en faire démordre.

Du côté des Alliés on a, sans contredit, fait une faute en laissant Miloradovitch à Zeitz. Kleist à Lindenau était bien placé, cela pouvait donner le change à Napoléon et, s'il se tournait directement contre Wittgenstein, Kleist était toujours assez près pour l'attaquer de flanc, ainsi ces 5000 hommes n'étaient pas hors du jeu; mais à Zeitz, on laissait inutilement une dizaine de mille hommes dans l'inaction, on péchait contre l'axiome que Napoléon donne comme règle générale: «Quand vous voulez livrer une bataille, rassemblez toutes vos forces, n'en négligez aucune; un bataillon quelquefois décide d'une journée.[1]» Miloradovitch à Zeitz ne rappelle-t-il pas de Failly à Bitche?

Dans la nuit du 2 au 3 mai, les Alliés se retirèrent encore derrière le Flossgraben, et on décide que la retraite sera prolongée jusque derrière l'Elbe. Elle s'effectue en deux colonnes, sur Dresde et sur Meissen, suivie et couverte par la nombreuse cavalerie. Kleist, sans être inquiété, s'est retiré sur Mühlberg, Miloradovitch a rejoint l'armée dans la nuit même après la bataille. Napoléon suit sur trois colonnes par Wurzen, Colditz et Rochlitz; mais, ne pouvant opposer rien de pareil à la cavalerie des Alliés, il est mal renseigné sur les mouvements de ces derniers.

---

[1] Napoléon, Campagnes de Frédéric II.

De cette manière, l'armée des monarques alliés gagne, le 7 mai, la rive droite de l'Elbe. Le lendemain, les Français occupent Meissen et Dresde et commencent tout de suite à aviser aux moyens de passer le fleuve, tous les ponts ayant été détruits. L'Empereur établit son quartier général à Dresde et y rassemble les gardes, Bertrand, Marmont, Macdonald ; puis aussi Oudinot, tandis que Lauriston est à Meissen. Ney a été d'abord laissé à Leipzig, ayant de tous le plus souffert à Lützen : puis l'idée de l'Empereur est de le diriger sur Torgau pour menacer de là Berlin, car il présume que les Russes seuls se retirent à l'est et que les Prussiens cherchent à regagner leur capitale. À cet effet Ney prendra sous ses ordres Reynier, arrivant de Halle avec la division Durutte, Victor, qui avait été en observation sur la basse Saale, et les 4000 chevaux de Sébastiani, venant du bas Elbe. Le 11 mai, l'armée française passe l'Elbe. Le lendemain Bertrand et Marmont avancent, le premier sur Königsbrück, l'autre sur Camenz. Macdonald, qui vient en contact avec Miloradovitch, sur Bischofswerda, l'Empereur lui-même reste avec les gardes et Oudinot à Dresde. Ney ce jour-là est à Torgau où il joint Lauriston qu'on a de même placé sous ses ordres. Victor et Sébastiani s'approchent de Wittenberg. L'armée de l'Elbe, qui depuis Lützen n'existe plus que pour la forme, est alors dissoute et Eugène reçoit le commandement des forces armées en Italie.

Les Alliés, en attendant, ayant vu qu'une défense de l'Elbe n'était plus possible, mais voulant défendre le terrain pas à pas, se sont concentrés à Bautzen et prennent position sur les hauteurs en arrière de cette ville, ayant la Sprée devant leur front.

L'Empereur apprend seulement dans la nuit du 13 au 14 mai que les Russes et les Prussiens réunis se sont retirés sur Bautzen. Tout de suite il mande à Ney de tenir Lauriston prêt à renforcer l'armée si l'ennemi voulait recevoir bataille. Puis, le 18, lorsqu'il voit que l'adversaire réellement veut accepter la lutte en arrière de Bautzen, il adopte le plan de tourner sa droite avec toutes les forces de Ney, en l'occupant de front par ses autres corps, qu'il masse à cet effet sur la rive gauche de la Sprée, vis-à-vis de la ville de Bautzen. Depuis que l'Empereur avait eu de la certitude sur les mouvements réunis des Russes et des Prussiens, il avait fait dévier Ney de la route directe sur Berlin; le 17 Ney est à Kalau et c'est là encore que le 19 l'ordre d'arriver sur Bautzen le trouve.

Le 18 mai les Alliés reçoivent la nouvelle que Lauriston s'approche par Senftenberg. On croit pouvoir le battre isolément et ainsi on envoie à sa rencontre, le 19, Barclay, (ce général est arrivé le 16 avec 13,000 hommes de renfort) auquel on donne encore Yorck, somme toute il a pour cette expédition un peu plus de 20,000 hommes. Les Russes surprennent et culbutent, à Kœnigswartha, la division Peyri que Bertrand y a placée pour entrer, selon les ordres de l'Empereur, en communication avec Ney et qui a négligé les mesures ordinaires de sûreté. Les Russes s'emparent encore de la bourgade de Kœnigswartha. A leur droite Yorck avance contre la grande route Hoyerswerda-Bautzen, mais il tombe déjà sur tout le corps de Lauriston; on se bat toute la journée; à la nuit close Barclay se retire à Bautzen, le matin il a rallié l'armée. Celle-ci est résolue à accepter la bataille.

La position des Alliés l'avant-midi du 20 mai est:
Miloradovitch en guise d'avant-garde est posté à gauche
de Bautzen sur la rive droite de la Sprée, il occupe la ville; à sa droite Kleist près de Burk. En
arrière de Miloradovitch le gros des Russes de Klein-
Jenkowitz à Baschütz; à leur droite Yorck. La droite
de l'armée est formée par Blücher entre Kreckwitz
et Pliskowitz, l'aile extrême par Barclay à Gleina,
les gardes et grenadiers russes comme réserve à Klein-
Burschwitz sur la route de Weissenberg.

Vis-à-vis des Alliés Napoléon a pris son quartier
général le soir du 19 mai à Klein-Fœrstgen; il a:
Oudinot à droite jusqu'à la Sprée, Macdonald devant
Bautzen, à cheval sur la route de Dresde, Marmont
à gauche vis-à-vis de Nimmschütz, Bertrand encore
plus à gauche vers Jeschütz, les gardes en réserve
à Fœrstgen. Lauriston, qui forme la tête de colonne
de Ney, est à Weissig, Ney lui-même à Maukendorf
suivi de Reynier qui est à Hoyerswerda; somme toute
l'Empereur dispose d'à peu près 150,000 hommes
contre 90,000 des Alliés.

Vers midi, le 20 mai, Napoléon engage l'attaque
de front sur la ligne de la Sprée, pendant que Ney
doit tourner la droite ennemie. Macdonald trouve le
pont en pierre intact et le passe, Marmont et Bertrand jettent 4 ponts et passent de même. Après une
série d'assauts, la division Compans, de Marmont,
s'empare vers 6 heures de Bautzen, les Russes, qui
défendaient la ville, se replient dans une position
choisie déjà auparavant pour servir de deuxième ligne
de défense et en partie retranchée. A leur droite
Kleist a défendu opiniâtrément, contre Bertrand, pendant toute la journée, à l'aide aussi d'un soutien

envoyé par Blücher, les hauteurs de Burk qui dominent la vallée de la Sprée; ce n'est qu'à huit heures et demie qu'il se replie, lui aussi, dans la deuxième position, étant menacé dans son flanc gauche par la division Bonnet, de Marmont, qui a débouché de Bautzen et s'est emparée des hauteurs de Nieder-Keina. Oudinot, à droite, passe aussi la Sprée et s'empare des hauteurs sur lesquelles la gauche des Alliés est placée, mais, à la tombée de la nuit, il en est de nouveau délogé. Ney n'a échangé que quelques coups de fusil à Klix avec les avant-postes de Barclay et se trouve encore sur la rive gauche de la Sprée.

Cette résolution de s'opposer une seconde fois aux progrès de Napoléon, quoiqu'on connût sa supériorité numérique, repose sur les mêmes considérations que celle qui avait mené à la bataille de Lützen. L'esprit de la troupe était tel qu'on n'avait pas à craindre un grand désastre, et la simple perte d'une bataille n'aboutirait à aucun résultat pire que si l'on continuait la retraite sans se battre. Mais la situation tactique était bien moins favorable qu'à Lützen. La position de Bautzen, ayant la Sprée devant son front, est très-forte en elle-même, seulement Ney, qui s'approchait de Hoyerswerda, menaçait alors de la tourner sur la droite et à partir de ce moment elle devenait, non-seulement intenable, mais même périlleuse. On n'a pas pu se faire là-dessus des illusions dans le camp des Alliés, aussi doit-on présumer que, si Ney enfonçait Barclay dès le 20, on aurait décampé ce jour-là; mais le mouvement tournant de Ney se retardant, on ne sait trop pourquoi, car il était assez près, les Alliés résolurent de tenter la résistance encore le lendemain.

Voilà le prix de l'énergie à la guerre; les Alliés par une résolution risquée, mais énergique, retardèrent Napoléon de deux jours, le forcèrent de rappeler Ney qui menaçait Berlin et pourtant ne subirent guère plus de pertes que ne leur en aurait coûté une retraite prolongée. Ce rappel de Ney, du reste, nous fait voir comment on couvre mieux des points importants éloignés en ayant sa masse réunie pour une grande décision, qu'en voulant tout couvrir directement par des détachements et sous ce point de vue Bülow, détaché pour barrer le droit chemin sur Berlin, était une faute. Sans doute que Berlin est important, mais une bataille à donner par l'armée principale est plus importante encore, et ainsi Napoléon a soin de rappeler Ney à lui, dès qu'il voit une bataille imminente, tandis que les Alliés ne font pas arriver Bülow. C'est Gneisenau qui dit: «Non pas la protection directe d'une province, mais l'anéantissement de la force combattante de l'ennemi, doit être le but qu'un général cherche à atteindre.»[1]

Pendant la nuit, les Alliés établissent leurs troupes dans la deuxième position, et ainsi nous trouvons le matin 21 mai:

à l'aile droite, Barclay entre Gleina et Malschwitz;

au centre, Blücher sur les hauteurs entre Pliskowitz et Kreckwitz, avec Yorck et Kleist entre Litten et Baschütz;

à l'aile gauche, Miloradovitch sur les hauteurs et dans les bois au sud-est de Baschütz.

---

[1] Lettre à Knesebeck. Bautzen, 26 septembre, 7 heures du matin.

Les gardes et les grenadiers russes comme réserve en arrière de Baschütz, la cavalerie de réserve en arrière de Kleist. La position est renforcée sur la gauche et au centre par de fortes batteries enterrées.

L'Empereur, comme la veille, veut par de fortes attaques contenir la gauche ennemie, pour qu'elle ne puisse pas porter secours ailleurs. le coup décisif est toujours réservé à Ney. Ainsi à cinq heures Oudinot engage le combat, il est bientôt soutenu par Macdonald. A neuf heures Ney, qui lui aussi est entré au feu, culbute Barclay et le refoule par Preititz sur Baruth, une heure plus tard le maréchal français est en possession aussi de Preititz. Kleist alors s'élance au secours de Barclay et Blücher, menacé de dos, détache pour reprendre Preititz; ainsi vers une heure le village est de nouveau entre les mains des Prussiens. Mais, par suite de ces événements, les hauteurs occupées de Blücher, forte position en elle-même, sont maintenant comme un bastion qui fait saillie et Napoléon, qui ne tarde pas à s'en apercevoir, fait déboucher le corps de Bertrand par Nieder Gurik et fait avancer sur Basankwitz Marmont, qui depuis 11 heures a engagé une canonnade. Blücher bientôt se trouve dans une situation précaire, flanqué qu'il est par le canon de Marmont et de Ney; il doit enfin abandonner à l'ennemi sa position sur les hauteurs de Kreckwitz; Yorck, qu'on avait envoyé pour le soutenir, la trouve déjà évacuée des Prussiens et couronnée par le canon français.

Sur cette nouvelle, les souverains alliés décident. entre trois et quatre heures, après vive délibération où enfin l'avis du général de Knesebeck fait loi. qu'on engagera la retraite générale; la gauche se retire à Lœbau, la droite à Weissenberg en bon ordre.

L'Empereur, le soir de la bataille, a son quartier général à Klein-Burschwitz, Ney et Lauriston atteignent Wurschen, Reynier est encore poussé au delà, le reste dans la position conquise.

Ainsi le plan de Napoléon n'a pas réussi, au lieu de tourner la droite des Alliés et de les prendre à revers, c'est-à-dire de les anéantir, on n'a pu que les déloger, voire même les engager à décamper, de sorte qu'on avait raison dans le camp allié de parler d'une «bataille rompue». Ce résultat provenait de la lenteur inexplicable que Ney mit à avancer, c'était au point que l'ennemi lui-même s'en étonnait et disait «qu'il lui fallait compter comme une politesse spéciale que Ney se soit contenté du feu de ses canons et ne se soit pas avancé avec toute son infanterie sur les hauteurs, coupant ainsi toute retraite.»[1] Mais ce qui est plus étonnant encore, c'est qu'on ne trouve nulle part une marque du mécontentement que l'Empereur a dû éprouver en voyant ainsi lui échapper le prix de la victoire. Il faut qu'au premier moment il ait cru les ennemis bien mieux battus qu'ils ne l'étaient en vérité, et que, de l'autre côté, l'état de ses propres troupes ait été tel, qu'il se soit convaincu ne pas pouvoir demander plus de si jeunes troupes. Les pourparlers dans le but d'un armistice, auxquels il se prête volontiers, confirment cette dernière considération.

Le 22 mai l'armée alliée, qui pendant la retraite reçoit des renforts, se rallie à Gœrlitz, l'arrière-garde est en contact avec Reynier. De là on poursuit la

---

[1] Müffling, Souvenirs de ma vie.

retraite en deux colonnes par Bunzlau-Haynau et par Lœwenberg-Goldberg. suivi de près par l'ennemi. Le 25 le commandement en chef de l'armée alliée est confié au général Barclay. Cet officier, d'un caractère ferme mais d'opinions très-méthodiques, croit. avant toute autre entreprise, devoir reformer de fond en comble l'armée russe et, ne croyant pas pouvoir effectuer cela en sûreté devant Napoléon en Silésie, il est résolu de se retirer en Pologne. Ceci excite le suprême mécontentement des Prussiens qui, dans leur levée. ont tout sacrifié pour la défense de leur sol: en mettant les choses au pis. la Prusse était même résolue de continuer seule la lutte. Gneisenau écrivait au roi, dès le 12 mai: «Dans le cas le plus malheureux, il sera plus honorable de périr dans nos propres provinces que d'errer en fuyard avec un reste insignifiant (de troupes) dans les pays de l'étranger.» Ainsi on s'évertue à faire comprendre au tsar Alexandre tout le profit politique qu'il y a à ne pas quitter entièrement l'Allemagne.

Le résultat est que le tsar engage Barclay à prendre la direction sur Schweidnitz. Par conséquent. le 26 mai, la colonne de gauche reste à Goldberg. tandis que celle de droite va à Liegnitz. Cette dernière inflige des pertes à la division Maison, de Lauriston. qui tombe dans une embûche de cavalerie en arrière de Haynau. Les jours prochains les forces russo-prussiennes continuent à se replier sur Schweidnitz.

Cette résolution d'aller sur Schweidnitz était d'une importance capitale. De cette manière, on ne quittait pas la Prusse ce qui aurait inévitablement eu pour conséquence la séparation des armées russe et prussienne. on refusait à Napoléon la satisfaction d'avoir refoulé les Russes dans leur patrie, on s'approchait de l'Autriche dont on briguait déjà le concours, et la bonne contenance qu'on fit en ne reculant pas plus loin, mais en adoptant une direction latérale, manœuvre qui a toujours quelque chose d'offensif, servit à engager Napoléon à un armistice, très-utile aux Alliés, et ne pouvait manquer d'influencer les décisions de l'Empereur François d'Autriche. Montrer de la faiblesse en ce moment aurait été très-fatal, quoique Knesebeck eût raison en disant que, au point de vue purement militaire, il y avait beaucoup de choses qui parlaient pour la retraite en Pologne, projetée par Barclay. La bonne direction que prirent les affaires est due au tsar Alexandre qui ici, comme déjà au commencement de l'année, lorsque la question était s'il fallait ou non poursuivre les Français en Allemagne, fit preuve d'idées élevées et d'une vue étendue.

En attendant, l'Empereur a déjà envoyé de Gœrlitz Victor et Sébastiani pour débloquer Glogau. Les Alliés, qui apprennent cela, rappellent Schuler, qui était avec 4—5000 hommes devant cette place: il se rabat donc sur Auras. Les forces principales des Français sont le 28 mai: l'Empereur avec les gardes à Liegnitz, Ney avec ses corps échelonnés de là à Neumarkt, Marmont est à Jauer, Macdonald et Bertrand entre Goldberg et Jauer. Quant aux mouvements ultérieurs, l'Empereur ne fera suivre les Alliés que par Bertrand et Macdonald et dirigera sa masse principale sur Breslau. Ainsi, le 31 mai, le général Schuler, qui s'est établi en avant de Breslau derrière la Lohe, y reçoit l'assaut de Ney, il se replie le soir en bon ordre à Ohlau, d'où il entre en communication avec l'armée principale. Victor, qui a appris que Glogau est débloqué, se rabat aussi sur Breslau. Le même jour, l'armée des monarques alliés a pris une position à Pilzen, en arrière de Schweidnitz, elle a vis-à-vis d'elle Macdonald et Bertrand, aux environs de Jauer. Le lendemain la ville de Breslau est occupée par Ney, tandis que du côté de l'adversaire Sacken, arrivant de Pologne, atteint Ohlau. Le soir de ce jour même les plénipotentiaires destinés à cet effet, Caulaincourt, Chouvalov, Kleist, conclurent une suspension d'armes de 36 heures, à partir du 2 juin à 2 heures de l'après-midi.

Mais les Alliés, peu rassurés sur les intentions de Napoléon, et voyant leur position de Pilzen menacée d'être tournée par l'occupation de Breslau, en prennent une autre entre Nimptsch et Strehlen; là on reçoit, le 5 au matin, la nouvelle de l'armistice définitif de Poischwitz.

Nous avions laissé Bülow, le 25 avril, entre Dessau et Cœthen. De là il avance contre la Saale lorsque Eugène est en marche sur Mersebourg, et, le 2 mai, il s'empare de Halle. Mais, sur la nouvelle de la retraite des Alliés après la bataille de Lützen, il se replie à Rosslau: le 11 mai il y a rassemblé tout son corps, y compris Borstell, qui a laissé le blocus de Magdebourg à Worontzov. Le même jour Bülow apprend que Ney, avec trois corps, est en marche sur Berlin, il résout alors de se rendre lui-même à la capitale; le 19 il atteint Baruth, il y compte alors 25,000 hommes; mais, puisque Ney se rabat sur Bautzen, Bülow croit utile de faire une diversion dans la même direction pour dégager l'armée principale, ainsi le 25 mai il est à Kalau.

En attendant, la bataille de Bautzen a été donnée et maintenant Oudinot, détaché sur Berlin par ordre du 24 daté de Gœrlitz, s'avance à sa rencontre. Le 27, le maréchal français est à Hoyerswerda, où il repousse le lendemain une attaque de l'ennemi qui replie son corps à Cottbus. Oudinot poursuit sa marche au cœur de la province de Brandebourg, mais elle est «incertaine, ses directions variées,[1]» et, le 4 juin, il trouve à Luckau Bülow qui lui barre la route, il perd du monde en s'acharnant contre la ville, cependant ne réussit pas à s'en emparer définitivement et le soir doit se mettre en retraite; il s'établit le lendemain près de Uebigau sur la Schwarze Elster; Bülow, ayant rallié tout son monde, s'apprête à l'attaquer, lorsqu'arrive la nouvelle de l'armistice, sur quoi il se retire dans le Brandebourg; le 12 juin il est à Berlin.

Il nous reste encore quelques mots à dire des opérations sur le bas Elbe. Nous y avons vu Davout avancer contre Lunebourg, ville qu'il occupe le 27 avril par la cavalerie de Sébastiani, ce qui engage Dœrnberg à repasser l'Elbe. Le même jour Vandamme, avec ses deux divisions, avance de Brême sur Harbourg, où se trouve alors Tettenborn. Celui-ci est bientôt forcé de se retirer dans Hambourg, car les deux généraux français arrivent à Harbourg où ils réunissent 24,000 hommes, et ainsi la rive gauche de l'Elbe est au pouvoir des Français.

Depuis la fin de mars, les forces alliées sur le bas Elbe, 6000 hommes environ, ont été confiées au général russe et anglais Wallmoden, qui cependant, vers la mi-avril, ne prend effectivement que le com-

---

[1] Marmont, Mémoires.

mandement des corps de Dœrnberg et de Tchernitchev, tandis qu'il laisse à Tettenborn la main libre
pour la défense de Hambourg. Ce dernier n'est que
faible, cependant d'abord il semble que les Danois
lui prêteront main forte, mais, lorsque les puissances
alliées cèdent la Norvège à la Suède pour se garantir la coopération de Bernadotte, le roi de Danemark
se jette de nouveau entre les bras de Napoléon.
Alors Tettenborn, attaqué de front par Vandamme,
menacé maintenant de flanc* par les Danois et ne
voyant pas arriver Bernadotte à son secours, évacue
Hambourg dans la nuit du 29 au 30 mai. L'après-
midi du 30 les Français y entrent. Le 9 juin on
reçoit la nouvelle de l'armistice.

C'est ainsi qu'au dernier moment encore une position de la plus haute importance, et cela non-seulement au point de vue militaire, tomba entre les
mains des Français et, si l'on peut reprocher à Tettenborn de n'avoir pas su mettre suffisamment à profit
les difficultés que le passage de l'Elbe créait à l'ennemi et exploiter complétement le concours d'une population brave et exaltée vis-à-vis des levées nouvelles françaises, il faut pourtant rejeter la majeure
partie de la responsabilité de cette perte sur Bernadotte qui, en y mettant ses 25,000 Suédois, occupés à ne rien faire dans le Mecklembourg, pouvait
l'empêcher. C'est alors déjà que commence ce rôle
douteux qui n'était digne ni de sa réputation de
grand militaire, ni de sa situation à la tête d'un grand
état. Les événements n'ont pas tardé à en faire
justice: il n'a plus acquis de gloire militaire et les
grands buts politiques, qu'il se promettait d'atteindre
par ce sacrifice, lui ont de même échappé.

CHAPITRE III.

L'armistice. — Plans de campagne. — Les armées à l'entrée
en campagne.

Dès le 18 mai Napoléon avait envoyé Caulaincourt
au tsar pour entrer en négociations, mais les Alliés
étaient justement alors résolus à tenter encore une
fois le sort d'une bataille et ainsi cette missive n'a
pas de suite. Le résultat de cette bataille étant la
retraite en Silésie, les Alliés, eux aussi, sont alors
prêts à négocier, ils envoient Chouvalov et Kleist
à Striegau et de leurs entretiens avec Caulaincourt
sort, comme nous l'avons déjà vu, l'armistice. Les
principales stipulations en sont:

Sa durée est fixée jusqu'au 20 juillet, avec 6 jours
en plus pour la dénonciation (plus tard on le prolonge jusqu'au 10 août respectivement 16 août).

La ligne de démarcation pour l'armée française
suit, à partir de l'Oder, le cours de la Katzbach,
puis va, à peu près en ligne droite, à la frontière
de Bohême; celle pour l'armée alliée suit le Strie-
gauer Wasser, puis va par Landshut de même à la
frontière.

Ainsi il y a entre les deux armées une zone de 10 lieues de largeur qui est neutre; elle contient Breslau.

A partir de l'embouchure de la Katzbach l'Oder fait la limite des pouvoirs, puis enfin l'Elbe.

Sur le bas Elbe l'uti possidetis du 8 juin sera décisif. En concordance avec ces stipulations les deux armées ennemies sont réparties chacune ´dans son territoire respectif. Les Alliés s'établissent en cantonnement, leurs monarques et Barclay mettent leurs quartiers généraux à et près de Reichenbach. Quant aux Français, l'Empereur leur fait prendre des camps près des villes, lui-même place son quartier général à Dresde, au faubourg de Friedrichstadt.

Celui qui n'a l'œil que sur la situation militaire ne peut que s'étonner de voir Napoléon aussi prêt à traiter d'un armistice et finalement le conclure. Sensiblement supérieur en nombre, ayant de front devant les Alliés deux de ses corps, prêts à croiser le fer avec eux pour les contenir, pendant que lui-même, rassemblant sa masse à Breslau, pouvait tomber de là par Jordansmühle, à bras raccourci, sur leurs derrières, l'Empereur était dans une situation excellente et qui en tous points était concordante avec sa stratégie des grands coups. Si donc il ne l'a pas exploitée à l'avenant, il faut qu'il y ait eu des raisons péremptoires nécessitant une autre conduite. Était-ce l'attitude inquiétante de l'Autriche? Craignait-il que cette puissance ne lui tombât dans la droite et sur les derrières au moment où il refoulerait les débris des Russo-Prussiens vers la Pologne? Mais l'homme qui, en 1805, s'était aventuré en Moravie lorsque la Prusse était pleinement en état et avait presque la volonté de lui porter un coup de cette espèce, l'homme qui se battait à Friedland et à Preussisch Eylau, sans s'inquiéter des velléités de l'Autriche d'alors, qui a toujours couru tous les risques stratégiques s'il pouvait espérer gagner une bataille décisive, cet homme n'a certainement pas été guidé ici par une considération de prudence, soit politique, soit stratégique. «Alexandre, Annibal et César s'occupaient-ils de leurs lignes de retraite lorsque le moment arrivait de combattre pour l'empire du monde!»[1] Ainsi il faut qu'il n'ait pas *pu* continuer les opérations, puisqu'il ne l'a pas fait.

Et, en vérité, tous les témoignages s'accordent pour affirmer une telle impossibilité par l'état de sa troupe. Déjà en avançant après Bautzen il dut en tenir compte et Marmont nous dit qu'il «avait aussi pour motif en ralentissant ses opérations de recevoir des renforts .... il voulait en outre donner le temps au 2me et au 7me corps d'achever leur organisation», et le même maréchal convient qu' «il y avait fatigue et lassitude. Notre cavalerie, si peu nombreuse encore, n'avait aucune consistance.» Les généraux ne peuvent guère être très-entreprenants avec une telle troupe, et nous comprenons que l'Empereur ait dû écrire à Bertrand: «Dans les affaires n'hésitez pas à avoir confiance en vos troupes.»[2] Un symptôme de cette lassitude se trouvait dans les incursions hardies qu'il était permis aux cosaques et aux corps francs de faire sur les derrières de l'armée, ce dont l'Empereur ne manquait pas d'être très-mécontent. Ces corps

---

[1] Fain, Manuscrit de 1813.
[2] Lettre du 6 juin. Liegnitz.

francs agissaient d'après la direction donnée une fois par Gneisenau à un de leurs commandants: Votre mandat c'est l'ennemi, votre plein-pouvoir, vous le portez à vos côtés. Du reste les cosaques reviennent souvent dans la correspondance de Napoléon et font par là clairement ressortir le prix d'une bonne cavalerie entreprenante.

Les officiers et sous-officiers, qui dès l'ouverture de la campagne n'avaient pas été trop nombreux ni trop solides, commençaient maintenant à faire sérieusement défaut et la maraude et la désertion gagnaient la troupe. Un témoin oculaire nous dit que « l'assouvissement des besoins physiques occupait les supérieurs comme les subordonnés presque exclusivement, et tout au plus la présence de l'Empereur pouvait amener la troupe à l'exactitude dans le service. » [1]

Ainsi il fallait s'arrêter, bien que l'Empereur reconnût que l'armistice serait plus avantageux à ses ennemis qu'à lui. On n'était pas plus tôt en repos qu'une épidémie vint prouver que les forces du soldat étaient épuisées, la dyssenterie ravageait l'armée. Il n'est pas besoin de dire que l'Empereur appliqua toutes les ressources de son génie fécond au rétablissement de son instrument de domination. On prend soin de donner au soldat des aliments sains, on l'exerce, le fait tirer à la cible, resserre dans les camps les liens de la discipline, fait arriver les renforts. L'Empereur s'occupe avec un soin particulier des subsistances de l'armée dont le grand dépôt

---

[1] O. v. O(deleben). Campagne de Napoléon en Saxe dans l'année 1813.

central sera à Erfurt; mais les instances des maréchaux pour une nourriture plus abondante de la troupe montrent que le résultat n'a pas toujours été satisfaisant.

L'Empereur comprit bien que, puisqu'il était résolu à ne faire aucune concession politique sérieuse, il fallait maintenant dans son calcul stratégique tenir compte d'une coopération possible des Autrichiens avec ses ennemis, quoique ce ne fut que vers la fin de l'armistice, alors qu'il fallait fixer le plan d'opération, qu'il en gagna la certitude. Les Alliés, supérieurs alors en nombre, formeront du Mecklembourg par la Silésie jusqu'en Bohême un grand arc de cercle; ainsi, pour pouvoir déboucher par le plus court chemin sur le point voulu, il faut que l'Empereur possède en toute sûreté la corde de cet arc. A cet effet il veut donc faire de l'Elbe sa véritable ligne de défense et solidement s'y établir: c'est l'art de la fortification qui le lui permettra. Les deux points importants qu'il doit absolument garder en son pouvoir sont Hambourg et Dresde. Il entend bien ne pas rester inactif avec son armée sur l'Elbe même, mais d'aller à la rencontre de l'ennemi pour lui livrer bataille; mais pendant ce temps il veut être exempt de tout souci quant à la sûreté de ces deux grandes villes, et ainsi il ordonne des travaux qui permettront à Dresde de résister, même avec une garnison relativement faible, pendant huit jours à une attaque de vive force, ce qui donnera à l'armée française le temps d'accourir, tandis que Hambourg, qui est plus loin du gros des forces de Napoléon, devra se changer en une véritable place forte, recevant 100 canons sur ses remparts et forçant l'ennemi à amener un parc de siége. Outre cela il possède en places fortes sur l'Elbe Magdebourg, Wittenberg, Torgau et il a l'idée d'en asseoir encore deux, l'une à l'embouchure du canal de Plauen, l'autre à l'embouchure du Havel, près de Werben. Mais, l'inspection du terrain montrant les localités défavorables sur la rive gauche de l'Elbe, et la rive droite ne pouvant être occupée qu'après l'expiration de l'armistice, on remet le travail à cette époque.

En concordance avec les idées de Napoléon, on crée à Hambourg une enceinte, une citadelle, qui en même temps est tête de pont, et une bonne communication avec la rive gauche (long pont sur pilotis, deux grands va-et-vient); le général Hogendorp est nommé gouverneur de la ville. A Dresde on avait commencé les travaux sur la rive droite dès la réoccupation de la capitale, l'ancien rempart de la Neustadt a été rétabli le mieux possible et devant l'issue principale, la porte noire, s'élève le fort impérial. Depuis le 14 juillet on s'occupe aussi de la ville ancienne, située sur la rive gauche. On en ferme l'enceinte et l'entoure d'ouvrages en terre qui couvrent les issues qu'on a gardées dans le pourtour de la ville. Au pied du Kœnigstein on établit un camp et le joint par un pont à la rive opposée.

De cette manière Napoléon s'est créé ce que Jomini appellera une base éventuelle, et quant à la valeur de cette base nous n'avons qu'à ouvrir le livre classique du même écrivain et nous y lirons, qu' «une base appuyée sur un fleuve large et impétueux, dont on tiendrait les rives par de bonnes forteresses situées à cheval sur ce fleuve, serait sans contredit la plus favorable qu'on pût désirer.» Mais si le grand théori-

cien·dit plus tard, que cette bonne base de l'Elbe
ait été intenable par le fait que la Bohême la flan-
quait, il calcule un peu trop géométriquement. Nous
verrons encore la grande armée alliée profiter de
cette disposition géographique pour fondre sur Dresde,
mais nous verrons aussi Napoléon accourir pour défendre sa base et il le fera avec succès.

Après s'être assuré ainsi une forte base d'opérations, l'Empereur porte ses regards en avant. C'est
bien la défensive qu'il veut adopter, mais la défensive active, la défensive des grands capitaines, celle
de Frédéric de Prusse dans la guerre de sept ans.
Il veut bien rester «maître du cours de l'Elbe et....
voir ce que veulent faire les Russes et les Autrichiens
.... profiter des circonstances[1],» mais, plus sa base
est forte, moins il craint d'aller au delà. C'est pour
pouvoir librement disposer de Davout en rase campagne qu'il a fait fortifier Hambourg, c'est pour pouvoir avancer en Silésie qu'il élève des redoutes à
Dresde. Ce capitaine prévoyant, qui jamais ne néglige
de mettre ses villes de dépôt à l'abri d'une attaque
de vive force, est le même qui dans l'offensive s'élève
au comble de la hardiesse — voilà une leçon digne
de toute notre attention. On reconnaît là celui qui
a dit: «Les fortifications de campagne sont toujours
utiles, jamais nuisibles, lorsqu'elles sont bien en-
tendues.»[2]

Le plan auquel l'Empereur s'arrête est de tenter
une grande entreprise sur Berlin, où il ne croit pas
rencontrer une résistance bien redoutable, et de rester

---

[1] Instructions pour Ney et Marmont. Dresde, 12 août.
[2] Mémoires de Napoléon.

avec la masse de son armée en Saxe et en Lusace, prêt à tenir tête à l'armée principale des Alliés. L'expédition contre Berlin sera confiée à Oudinot, qui à cet effet rassemblera son corps et ceux de Bertrand et de Reynier ainsi que le corps de cavalerie d'Arrighi à Luckau et Baruth, ce qui lui fera 70,000 hommes. Il sera soutenu par Girard, qui débouchera de Magdebourg avec une division de 9000 hommes, et par Davout. Ce dernier doit laisser à Hogendorp 5000 hommes pour la garde de Hambourg et avec le reste, 30,000 hommes, il prendra une position menaçante en avant de cette ville pour forcer l'ennemi à laisser quelque chose devant lui et pour soulager ainsi Oudinot. « Il faut, lui écrivait l'Empereur, que vous menaciez de bonne heure, afin qu'on ne se tourne pas entièrement contre ce qui débouchera sur Berlin, et qu'on ne vous néglige pas. » [1]

Quant au théâtre de la guerre en Saxe, voici les réflexions de l'Empereur: les Autrichiens, qu'il suppose s'élever à 120,000 combattants, peuvent adopter l'offensive sur la rive gauche de l'Elbe, sur Dresde ou sur la rive droite par Zittau. Dans le premier cas, il courra sur Dresde, dans le second, il se battra à Gœrlitz. Ainsi, pour être en mesure, il ne croit pas pouvoir s'aventurer au delà de Gœrlitz. C'est entre cette ville et Bautzen qu'il veut établir ses masses, c'est là qu'il fait reconnaître une position par le général Rogniat. A l'attaque qu'il attend en même temps de la part des Russes du côté de Breslau, il opposera deux corps à Bunzlau. Cependant, si les Autrichiens entraient par Josefstadt en Silésie

---

[1] Lettre à Davout. Dresde, 8 août.

pour se joindre aux Russes, il rassemblerait tout son monde à Bunzlau pour y donner la grande bataille sans laquelle il ne croit pas que «la campagne actuelle puisse donner un bon résultat.»[1] Il est vrai qu'il prévoit encore le cas où les Autrichiens pénétreraient par Baireuth au cœur de l'Allemagne, mais alors il est résolu de «leur souhaiter bon voyage et de les laisser aller», car, «ce qui m'importe, c'est qu'on ne nous coupe pas de Dresde et de l'Elbe; peu m'importe qu'on nous coupe de France.»[2]

Ainsi il établit St.-Cyr dans le camp de Pirna avec ordre de se replier dans la position retranchée de Dresde si de fortes masses avançaient sur lui. Il rassemblera sa masse à Bautzen et à Gœrlitz, tenant occupé par des corps Zittau, Bunzlau, Lœwenberg et Sagan, et même Liegnitz par une avant-garde. Mais cette disposition se modifie, car l'Empereur apprend que la masse des Russes, 40.000 hommes à son estimation, est entrée en Bohême pour faire jonction avec les Autrichiens; sur cela il veut fortement prendre position à Eckertsberg en arrière de Zittau, la droite à Schandau sur l'Elbe, la gauche appuyée aux Monts des Géants vers Greiffenberg-Friedeberg; il destine à cela Victor et Poniatowski. Vandamme, qui sera en arrière, à Bautzen, pourra les renforcer au besoin. Les défilés de Schluckenau, Rumbourg, Georgenthal devront être de même occupés pour garantir la communication de cette position avec l'Elbe. En outre l'Empereur sait que Blücher, qu'il met à 50,000 hommes, avancera de Breslau et, sur la dé-

---

[1] Instructions à Ney et à Marmont. 12 août.
[2] Lettre à Saint-Cyr. Bautzen, 17 août.

fensive contre l'armée principale ennemie, il veut concentrer ses masses contre ce général pour l'enlever. Il portera donc le quartier général à Gœrlitz, là il réunira la garde, Ney, Marmont, Lauriston, Macdonald; les cavaleries de Latour-Maubourg et de Sébastiani se tiendront en vedette à Bunzlau. C'est ainsi qu'il attend l'assaut de ses adversaires et il l'attend avec un plein espoir de réussite.

Ce plan, à ce que Fain et les mémoires des maréchaux en disent, aurait été l'objet de vives critiques de la part de ces derniers, et un militaire de la renommée de Müffling, le critique qui s'est le plus occupé de cette campagne, ne l'a pas non plus approuvé. Cependant on ne voit guère ce que Napoléon aurait pu faire de mieux. Les contre-projets, qu'on nous a conservés, ont tous cela de commun qu'ils donnent comme opération principale une grande offensive en Bohême. D'abord Schwarzenberg aurait alors pu céder devant Napoléon, l'attirant au plus profond de la Bohême, tandis que les deux autres armées se seraient avancées sur les derrières de l'armée française et ainsi l'Empereur aurait été bientôt forcé de quitter de nouveau la Bohême pour se tourner contre ses autres adversaires, mais alors la position de Dresde aurait probablement été perdue et toute cette forte ligne de l'Elbe qu'il a défendue si longtémps était rendue intenable. Mais en général un tel plan d'offensive ne cadrait pas avec la situation de l'Empereur, puisque, selon toute prévision, les proportions numériques lui imposeraient la défensive. Appuyé sur une forte base comme l'Elbe, il pouvait très-bien tenir tête même contre une supériorité marquée de forces, il pouvait les user, il pouvait épier les bonnes chances pour frapper ses coups; mais, s'il marchait en avant, ses adversaires, à moins d'être très-inhabiles, trouveraient le moyen de mettre en jeu contre lui toutes leurs forces à la fois. Du reste, même si l'on voulait accepter en principe l'idée d'une expédition offensive en Bohême, on ne choisirait guère celle que Müffling propose. Il voulait diriger 150,000 hommes par Zittau et Rumbourg, 150,000 par Peterswalde, 20,000 (Augereau) par Eger, 25,000 (Bavarois) par Waldmünchen. D'abord les troupes d'Augereau étaient encore en formation et les Bavarois, peut-être, ne se seraient pas trop empressés d'exécuter les ordres de Napoléon avant d'avoir vu quelle tournure les affaires prendraient, et puis, même en mettant ces corps comme disponibles, combien n'était pas risquée une telle opération sur quatre lignes convergentes, combien ne donnait-elle pas de chances heureuses aux adversaires et combien ne violait-elle pas le principe napoléonien de déboucher en masse! Enfin Marmont nous donne encore un plan de défensive qui consiste à rester à Dresde en se tenant à cheval sur le fleuve avec toute la masse, mais ce plan est par trop défensif, une telle résolution aurait nécessairement amené sur ce point tous les corps ennemis à la fois, et le désastre qui en octobre frappa l'armée française à Leipzig l'aurait déjà atteinte en août et à Dresde.

Après tout, le plan de l'Empereur était le plus naturel, et, si le résultat de la campagne n'est pas d'accord avec cette assertion, c'est qu'on a péché dans l'exécution. Puisque les circonstances lui faisaient une loi du jeu alternatif contre les armées ennemies, il ne put mieux se placer qu'en avant de l'Elbe moyen. Sa position lui assurait tous les avantages de la ligne intérieure vis-à-vis des deux masses qui viendraient l'assaillir de la Silésie et de la Bohême. Voulait-on le tourner par sa droite sur Dresde, il aurait toujours le temps d'atteindre cette capitale soigneusement retranchée. Lui laissait-on l'occasion de battre l'armée de Silésie, alors l'équilibre des forces serait rétabli et, ayant enfoncé ainsi le centre stratégique des Alliés, il se trouverait sur ligne intérieure entre l'armée de Bohême et celle de Bernadotte, bien éloignées l'une de l'autre, situation qu'il était spécialement dans le caractère de sa stratégie de bien exploiter et qui sera toujours la meilleure défensive.

La partie offensive, qui ne manquait pas au plan de Napoléon, était l'expédition sur Berlin. Si l'on pense au caractère de Bernadotte, qui promettait un succès facile, et à l'importance qu'il y avait pour l'Empereur de garder le bas Elbe et d'occuper Berlin, on approuvera certainement cette idée. Quel grand coup de porté à la coalition si Bernadotte reculait sans coup férir et si Berlin tombait au pouvoir des Français, et il n'a tenu qu'à très-peu de chose que cette expédition n'ait complétement réussi, l'insuccès n'en est pas à mettre sur le compte de l'Empereur.

Les meilleurs plans, les plus grandioses, auront toujours quelque chose de risqué. Mais celui qui les a conçus compte sur son génie pour les mener à bonne fin. Si Napoléon eût dû expliquer ses vues à un comité d'officiers d'état-major, s'il n'avait été que le chef d'état-major préparant des idées pour un autre dont il devait gagner le consentement, jamais ses meilleurs plans n'eussent trouvé l'approbation, jamais ses mémorables campagnes n'eussent été faites. 1809 est un exemple de ce qui arrive facilement lorsque celui qui pense n'est pas en même temps celui qui exécute.

Du côté des Alliés, on n'était pas moins actif que dans le camp français pour combler les lacunes et augmenter les effectifs. Les Russes rallièrent les forces qu'ils avaient encore en arrière, dans leur patrie; les Autrichiens qui virent, par la tournure que prit la politique, qu'ils devaient bientôt sortir de leur rôle de médiateurs, changèrent en une véritable armée, le corps d'observation qu'ils avaient depuis longtemps en Bohême; enfin les Prussiens levèrent et enrôlèrent la landwehr. Ces derniers surtout firent de grands efforts, car ils comprirent bien qu'il y allait de leur existence. En Silésie, le général de Gneisenau, que nous apprendrons encore à connaître, est muni du pouvoir militaire suprême et il en profite pour donner la plus grande extension possible aux nouvelles levées, de sorte qu'à la date du 30 juillet il peut déjà estimer les forces armées de la Prusse à 250,000 hommes.

Mais plus il devient probable que l'Autriche, la Russie, la Prusse et la Suède réunies combattront contre la France, plus il devient important de se demander comment il faut disposer ces masses et exploiter la supériorité numérique probable contre le grand maître de l'art de la guerre qu'on s'était donné la tâche de vaincre. Le tsar Alexandre et le roi de Prusse avaient, chacun dans sa suite, un officier général qui jouissait d'une confiance spéciale pour les grandes questions stratégiques, et dont l'influence se maintint pendant toute la campagne; ces deux officiers, le baron russe de Toll et le Prussien von Knesebeck, ne manquèrent pas de soumettre à leurs souverains respectifs un plan de campagne, et, troisième, Bernadotte avait naturellement lui aussi son plan d'opération.

Toll veut rassembler les Russes et les Prussiens à Schweidnitz, diriger les Autrichiens sur Gœrlitz et Reichenbach et faire arriver Bulow à Gœrlitz; l'offensive générale de tous les côtés contre l'armée de Napoléon est l'idée dominante de son plan. Un détail significatif est qu'il néglige presque complétement Bernadotte, il lui donne peu de monde et un rôle éminemment défensif et s'exprime à son égard dubitativement: Si le Prince Royal de Suède voulait soutenir sincèrement la bonne cause[1]...! Toll alors est envoyé à Schwarzenberg pour conférer avec lui sur ce plan, on l'a modifié en cela seulement que, pour le cas où Napoléon se tournerait contre l'armée autrichienne, on enverrait à celle-ci un corps de renfort de 25,000 hommes sous Wittgenstein.

Le plan de Knesebeck repose sur l'idée que Napoléon tombera sur l'Autriche soit en Bohême soit en marchant le long du Danube, ainsi il veut qu'on renforce encore les Autrichiens en Bohême pendant l'armistice de 130 à 140,000 hommes; alors l'armée de Bernadotte devra avancer sur Dresde ou sur Leipzig. En Silésie, on ne laissera que de la landwehr. Bernadotte au contraire espère que la plus grande partie des forces alliées lui sera confiée, de sorte qu'il

---

[1] Mémoire sur les opérations militaires, présenté à S. M. l'Empereur Alexandre à Reichenbach (en Silésie), le 28 Mai — 9 Juin 1813.

serait le vrai chef militaire de la coalition: mais, tout en parlant d'offensive, il est bien résolu de ne rien risquer. Il lui importait à cause de ses buts politiques secrets d'éviter une rencontre sérieuse avec l'armée française et, surtout, il ne voulait pas s'attaquer personnellement à Napoléon dont il craignait le talent militaire.

Si ces plans divergeaient sur le choix du point où il fallait porter la masse principale des forces, ils étaient pourtant d'accord en cela que chacun voulait plusieurs armées, qui opéreraient concentriquement de manière à s'entr'aider et marcheraient sur les lignes de communication des Français. C'était comme en 1812 du temps de la retraite des Russes, il est difficile de dire qui précisément a eu le premier cette idée, mais tous la partageaient, elle était pour ainsi dire dans l'air.

Pour arriver cependant à un plan de campagne définitif, Bernadotte propose une entrevue où l'on viderait cette question. Elle a lieu à Trachenberg, et, après une première conférence le 14 juillet, on dresse dès le lendemain un protocole définitif qui prescrit que:

100,000 hommes de l'armée de Silésie se porteront sous Barclay à Jung Bunzlau et Budin pour se joindre aux Autrichiens qui auront par là de 200 à 220.000 hommes.

Bernadotte laissera 20.000 hommes vis-à-vis de Lübeck et de Hambourg; en rassemblera 70.000 à Treuenbrietzen, puis se dirigera contre l'Elbe, passera ce fleuve entre Torgau et Magdebourg et prendra la direction de Leipzig.

Le reste de l'armée de Silésie, 50.000 hommes,

suivra l'ennemi vers l'Elbe, il évitera une affaire générale et aura en vue la jonction avec Bernadotte, ou bien encore, selon les circonstances, renforcera l'armée de Bohême. Toutes les armées coalisées prendront l'offensive et le camp de l'ennemi sera leur rendez-vous.

Cette dernière disposition, lorsque ce plan est soumis aux Autrichiens, est modifiée en cela que celle des armées, contre laquelle Napoléon lui-même se tournera avec sa masse, devra céder. Ce plan, qui n'était qu'un simple compromis entre les différentes opinions, mais qui a eu un plein succès, prête pourtant le flanc à la critique. Comme toutes les opérations concentiques il est plus spécieux que solide. En thèse générale, une opération de ce genre a toujours le côté faible de laisser à l'ennemi l'occasion de battre isolément une des colonnes, avant que la concentration n'ait pu être exécutée. On ne pourra donc l'entreprendre que si l'on est bien supérieur en nombre, si l'on est sûr que toutes les colonnes marcheront énergiquement au rendez-vous assigné et se dégageront mutuellement et si le talent et le caractère du général ennemi ne font pas craindre qu'il saura mettre à profit sa situation intérieure. La première de ces conditions ici était remplie, mais les deux autres ne l'étaient nullement et cela eût dû dissuader d'un tel plan. Il est vrai que, lors des entretiens à Trachenberg, on ne pouvait pas encore prévoir le rôle que Bernadotte jouerait, et on était même en droit de supposer à ce chef d'armée une conduite énergique, mais la composition des armées de tant de nationalités, la rivalité des généraux, la différente manière, non-seulement de combattre, mais surtout aussi d'envisager le résultat final à obtenir dans cette guerre, tout cela ne cadrait pas avec une manœuvre aussi subtile que l'est toujours une opération concentrique.

La modification apportée par les Autrichiens au plan d'offensive générale de Toll ne servait qu'à plus encore en amoindrir les chances de succès. Pour qu'un plan d'opération sur lignes convergentes réussisse, il faut que chaque colonne pousse droit en avant, alors seulement, l'une dégageant l'autre, on arrivera au point de concentration voulu. Une opération modèle dans ce genre était l'offensive des Prussiens en Bohême (1866). La disposition prise en 1813, disposition qui repose sur l'idée de ne pas risquer le tout dans une seule action est du reste caractéristique pour la stratégie autrichienne de tous les temps. Daun, l'Archiduc Charles et Benedek ont également évité de risquer toutes leurs forces en une action décisive, et cette précaution funeste se retrouve même dans leur tactique, car, l'adversaire les ayant forcés à livrer bataille, ils ont toujours soin de se ménager une troupe intacte, mais, au lieu de s'en servir pour porter à un moment donné un coup décisif, ils continuent de la garder intacte et l'expérience fait voir que la victoire est à ceux qui, le jour de la bataille décisive, savent faire donner jusqu'à leur dernier homme et non à ceux qui gardent des troupes fraîches pour le lendemain.

Et contre qui allait-on en 1813 tenter l'entreprise d'une opération concentrique? Contre le plus célèbre des capitaines qui précisément était connu et craint pour la rapidité de ses mouvements, rapidité telle que, plus d'une fois, Jomini la compare à l'éclair.

Ainsi, militairement, on ne peut dire que le plan

des Alliés ait été bon. Mais, il faut en convenir, de sérieux considérants d'un autre domaine militaient en faveur de la décision adoptée. Si l'on formait une grande masse quelque part sur l'échiquier stratégique, à qui alors en confier le commandement? Il y avait quatre nations en présence, alors quelles rivalités à vaincre, quelles intrigues à craindre! En répartissant les forces en trois armées, on était à même de suffire à plus de prétentions, et néanmoins il restait encore un fonds sérieux de jalousie, qui n'était pas sans influer sur la marche des affaires. Cependant, pour conclure, on ne saurait nier que, si ces circonstances ont contribué à l'adoption du plan définitif de campagne, la raison décisive a toujours été qu'on le croyait réellement le meilleur possible.

Et cela s'explique, car une opération concentrique promet d'entourer de toutes parts l'adversaire le jour de la bataille décisive et ainsi semble donner le résultat le plus complet imaginable, facilement on oublie dans un tel raisonnement de compter aussi avec les mouvements de l'adversaire, de se dire que ce résultat n'aura lieu que lorsque celui-ci «sera assez sot pour en laisser venir les choses jusque-là.» [1] Le plein succès que ce système a valu aux Prussiens à Sadowa ne fait que nous en cacher encore plus les côtés faibles.

Nous croyons que, militairement, le meilleur des plans proposés était celui de Toll. Il formait masse, car selon lui les armées de Bohême et de Silésie auraient été assez proches l'une de l'autre pour se soutenir efficacement, il avait en vue une offensive

---

[1] Willisen, Théorie de la grande guerre.

énergique et simultanée et il n'aurait pas permis à Bernadotte de paralyser une partie trop grande des forces alliées.

Quant à l'organisation de la grande armée française sous le commandement suprême de l'Empereur, il y a des changements à mentionner. Depuis quelque temps déjà un corps dit «d'observation de Bavière» se formait sous Augereau aux environs de Würzbourg. On lui retire maintenant quatre de ses divisions, qui passeront sous le commandement de Gouvion Saint-Cyr et prendront la désignation de 14me corps d'armée, tandis que le reste sous Augereau reçoit le chiffre 9. Puis Vandamme avec ses deux divisions est enlevé à Davout et l'Empereur attire ce nouveau corps, le 1er, en Saxe; Davout dès lors sera le 13me corps de la grande armée. Enfin Poniatowski, arrivant avec ses Polonais de Galicie, rallie de même l'armée française en Saxe et y figure comme 8me corps. Une grande réserve de cavalerie a été formée sous le commandement suprême de Murat, elle se compose des:

      1er corps Latour-Maubourg,

      2me corps Sébastiani,

      3me corps Arrighi,

      4me corps (Polonais) Kellermann,

      5me corps L'héritier (en marche sur Dresde),

      5me corps bis. Milhaud (en formation).

Berthier, âgé alors de soixante ans, remplissait auprès de l'Empereur les fonctions de major-général, comme il l'avait déjà fait si souvent. Travailleur, supportant également les fatigues du bureau et celles de la vie en campagne, mais privé du don de s'approprier les grandes combinaisons qu'il avait à transmettre à l'armée, ce dont il avait donné une preuve marquante en 1809, il était «un excellent chef d'état-major auprès d'un bon général.» [1]

On ne peut à cette occasion réprimer un léger étonnement de ce que Napoléon en 1813, lorsqu'une campagne des plus décisives devait commencer, n'ait pas choisi pour les grands commandements de jeunes capacités, lui qui, par sa carrière, avait bien vu ce qu'on peut faire d'une ambition vierge encore de tout succès, et qu'il n'ait pas laissé en repos ses maréchaux, usés en grande partie, fatigués, et souvent ne se montrant pas à la hauteur d'une situation critique qui demandait plus que d'aller droit devant soi et de se battre. Dès 1812, à Marienbourg, il s'était écrié en présence de Davout: «Il m'arrive quelquefois de douter de la fidélité de mes plus anciens compagnons d'armes, mais alors la tête me tourne de chagrin et je m'empresse de repousser de si cruels soupçons» [2], et on voit par là que même lui, le grand égoïste, n'a pas pu se défendre d'un certain attachement à ceux sur les épaules desquels il s'était élevé, attachement qui, à la vérité, n'était que de la coutume. Pourtant, dans le courant de la campagne, il n'a pas tardé à reconnaître que ses sous-ordres n'étaient pas à la hauteur des généraux ennemis. Après Dresde, il s'écrie: «Tout plan qui m'éloigne établit une guerre réglée, où la supériorité des ennemis en cavalerie, en nombre *et même en généraux* me conduirait à une perte totale.» [3]

---

[1] Marmont, Mémoires.

[2] Ségur, Histoire de Napoléon et de la Grande Armée pendant l'année 1812.

[3] Note sur la situation générale de mes affaires. Dresde, 30 août.

L'armée à cette époque occupait les positions suivantes:

Davout est en avant de Hambourg avec 30,000 hommes. Ce maréchal, qui fera sur ces lieux une guerre à part, mérite ici une mention particulière. Soldat de pied en cap, ayant alors 43 ans, féroce de caractère, grossier de manières, c'était un de ces militaires qui, peu aimés de l'officier, sont craints du soldat, mais qui dans les actions jouissent de toute la confiance de la troupe: le vrai modèle d'un général de bataille. Imposant avec sévérité la discipline, il la maintient avec justice et en revanche il est toujours occupé du soin de pourvoir aux besoins de sa troupe; animé d'un grand zèle, il ne craint ni les périls, ni les fatigues. Dans cette campagne il montrera toutes ses solides qualités militaires, parmi lesquelles, à la vérité, il n'y a pas à chercher une grande intelligence des combinaisons stratégiques, mais aussi toute la brutalité de son aveugle fanatisme.

A Dahme se tient Oudinot, 18,000 hommes: il est chargé de l'expédition sur Berlin et à cet effet prendra encore le commandement de Bertrand, 21,000 hommes, et de Reynier, 21,000 hommes qui alors sont respectivement à Sprottau et à Gœrlitz, et des 10,000 chevaux d'Arrighi, qui arriveront de Leipzig.

Le camp de Pirna est occupé par les 36,000 hommes de Saint-Cyr. Vandamme, 33,000 hommes, et Victor, 25,000, ont reçu la direction de Zittau où se trouve déjà Poniatowski avec 7000 hommes et le corps de cavalerie polonaise qui s'élève à 4000 chevaux.

Enfin la masse de l'armée, c'est-à-dire les corps de Ney, 40,000, Lauriston, 27,000, Marmont, 27,000,

Macdonald, 24,000, et les cavaleries Sébastiani, 10,000, et Latour-Maubourg, 16,000, en somme 144,000 combattants, sont sur le Bober et la Katzbach. En attendant l'arrivée de l'Empereur, Ney a le commandement de ces forces.

En réserve il y a à Dresde les 58,000 hommes de la Garde. Ainsi sans compter Augereau, l'Empereur dispose, de 400,000 hommes en chiffre rond avec 1,300 bouches à feu, sur le théâtre de la guerre en Allemagne. Ce chiffre cependant peut être regardé comme un maximum. [1]

Du côté des Alliés nous voyons d'abord:

L'armée de Bohême sous un grand seigneur autrichien le feld-maréchal prince de Schwarzenberg. Schwarzenberg était un général expérimenté mais, d'humeur conciliante, il n'était pas un de ces caractères qui assujettissent tout à leur volonté; il est vrai que sa tâche était spécialement épineuse. « Jamais mission plus difficile, dit à cette occasion Marmont, et plus pénible ne fut donnée à un général d'armée. Commander les troupes de tant de nations différentes, et mettre en harmonie des intérêts quelque fois si opposés; commander au milieu de souverains, environné de leurs états-majors et de leur cour, ... tel est le rôle auquel le prince de Schwarzenberg s'est dévoué . . . . . Les fautes commises ne peuvent être reprochées à un général peu maître de ses mouvements », et, pouvons nous ajouter, plus d'une fois on a dû à la sagesse de Schwarzenberg le maintien de l'union dans le camp allié. Né en 1771

---

[1] C'est le chiffre des effectifs du 6 août et non celui des soldats présents sous les armes le 16 août.

Schwarzenberg avait alors deux ans de moins que son grand adversaire.

Le comte de Radetzky, qui devint le célèbre feld-maréchal, remplissait les fonctions de chef d'état-major auprès du prince; chevaleresque, hardi et connaissant à fond son métier, c'était bien le collaborateur qu'il fallait à ce chef. Sa voix cependant n'était pas la seule qui eût du poids auprès du généralissime des armées alliées, dignité qui avait été conférée à Schwarzenberg par déférence pour l'Autriche. En qualité de quartier-maître-général il y avait encore dans l'état-major du prince le Saxon, général baron de Langenau, jeune homme de 31 ans. Très-instruit, mais avec un certain penchant pour l'intrigue, il était pour les questions stratégiques le conseiller toujours écouté de Schwarzenberg.

L'armée de Bohême se composait de:

Autrichiens, le corps du prince de Hesse, de Klenau, de Gyulai, et les divisions légères M. Lichtenstein et Bubna 100,000 hommes;

Russo-Prussiens sous Barclay 130,000 hommes dont 80,000 Russes;

corps russe sous Wittgenstein;

corps prussien sous Kleist;

réserves sous le grand duc Constantin (et sous lui Miloradovitch).

Ainsi toute cette armée était de 230,000 hommes avec 750 bouches à feu.

Cette armée était accompagnée des quartiers généraux des souverains coalisés. L'Empereur François avait le représentant direct de ses idées dans le commandant même de l'armée, mais les deux autres souverains voulaient y suppléer par leur influence personnelle. Chacun d'eux avait ses confidents militaires. Auprès d'Alexandre c'étaient Moreau, le général baron de Toll et puis Jomini, qui le 14 août, avait déserté son poste de chef d'état-major de Ney pour passer dans le camp russe. Doué de la rare qualité de bien adapter son savoir théorique à la pratique de la guerre, il est devenu célèbre à juste titre par des écrits classiques qui sont tout ce qu'il y a de plus profond sur les grandes questions de la guerre et indispensables à celui qui veut gagner de la clarté dans sa critique des opérations militaires. Frédéric Guillaume fut inspiré par le général baron de Knese-beck, militaire érudit, mais systématique et ennemi des grandes résolutions. Dans ces circonstances on comprend que Blücher, portant en 1817 à Carlsbad un toast à Schwarzenberg, ait dit: «Au héros qui, *malgré* la présence de trois monarques, nous a conduits à la victoire», mot qui caractérise bien la situation.

La deuxième armée est celle de Silésie. Elle est sous le commandement du général de Blücher. Des-tiné à une célébrité méritée, Blücher possédait toute l'élasticité de la jeunesse malgré ses 70 ans, et se distinguait par l'énergie et la droiture de son ca-ractère, par un bon sens naturel et par la fermeté dans les revers, qualités qui seront toujours les pre-mières à demander dans un général en chef et qui nous rappellent ce que Napoléon écrivait à Bertrand: «la guerre ne se fait qu'avec de la vigueur, de la dé-cision et une volonté constante.» [1]

Si l'on pouvait reprocher au chef de l'armée un manque dans l'instruction militaire nécessaire, le chef

---

[1] Liegnitz, 6 juin.

de son état-major, le général de Gneisenau, était là pour combler toutes les lacunes de ce genre. Tranchant et hautain dans le commerce, il savait à fond son métier sans pourtant jamais se perdre dans les détails. Grandiose dans ses conceptions, aimant les résolutions risquées, il a pourtant pu dire avec vérité «J'ai beaucoup osé dans ma vie, jamais joué.» Sachant apprécier les fortes qualités du caractère de son général en chef, il ne put manquer d'en gagner la confiance entière. Il avait alors 55 ans.

Il faut encore mentionner le quartier-maître-général de Müffling. Écrivain militaire d'un grand mérite et officier très-instruit, c'était une nature insinuante; il aimait à se faire valoir et n'était pas sans penchant pour l'intrigue et la satire. Dans les revers, il perdait facilement le courage, et la confiance et l'énergie suprêmes des Blücher et des Gneisenau lui semblaient facilement de l'exaltation. Néanmoins il était utile, car il était bon travailleur et savait promptement s'approprier les idées des autres et puis alors les développer; enfin, lié d'amitié avec Knesebeck, il était ainsi un précieux intermédiaire pour communiquer intimement avec le quartier général des souverains.

L'armée sous les ordres de Blücher se composait:
des corps russes de Sacken, 17,000 hommes,
et de Langeron, 40,000 hommes, un détachement de ce corps, 13,000 hommes sous St. Priest, se tient sur la gauche de l'armée de Silésie pour conserver la communication avec l'armée de Bohême,
et du corps prussien de Yorck 38,000 hommes;
en somme 95,000 hommes avec 350 bouches à feu.

Le 11 août, le général Barclay parut à Reichenbach chez Blücher pour lui communiquer le plan de campagne à suivre, selon ce qu'on a arrêté au quartier général en Bohême. D'après ce plan, l'armée de Silésie devait suivre les Français s'ils reculaient, se replier devant eux sans perdre le contact si leur masse avançait sur Blücher et, en tout cas, éviter une bataille. Tout de suite Blücher répond qu'il trouve un tel rôle au-dessus de ses forces, que c'est trop subtil et que, si on ne peut pas avoir assez de confiance en ses facultés pour lui laisser liberté entière, il aime mieux renoncer au commandement en chef. Sur ce, Barclay donne des explications dont le résumé est que le chef d'une armée de 100,000 hommes ne peut pas être enchaîné dans un rôle immuable de défensive, ce qu'on eût pu se dire d'avance. C'est alors que Blücher accepte, se réservant expressément la faculté d'agir selon sa tête. Il professe par le fait la vérité que Ney formula plus tard ainsi: «Un général d'armée, selon la saine raison, ne peut être une machine tellement comprimée à ne pouvoir adopter des mesures que nécessitent les circonstances.»[1]

Malheureusement le général Langeron, qui avait connaissance de l'instruction première destinée à Blücher, n'apprit point la modification fondamentale qui y avait été apportée, ce qui, dans la suite, donna lieu à des malentendus. La conduite de Blücher en cette circonstance est un exemple mémorable de grandeur d'âme. Celui auquel on confie le commandement d'une armée doit demander qu'on ait en lui

---

[1] Lettre à Berthier. Torgau, 15 septembre.

une confiance entière et ne doit pas craindre d'assumer la responsabilité entière qui en résulte pour lui. Se résigner à exécuter des prescriptions dont l'esprit nous est étranger n'est pas digne de celui qui se croit fait pour commander en chef et, si l'on veut lui imposer une telle situation, il devra renoncer à son rang, ne pas accepter une demi-autorité. Mais combien n'a-t-on pas eu d'exemples où un petit caractère, ébloui par l'offre d'un grand commandement, l'accepte tel quel et l'insuccès alors est mérité. A la place de Bazaine, le 12 août 1870 Blücher, aurait dit à Napoléon: Le plein pouvoir et votre confiance entière, ou bien je préfère une position subalterne à celle de général en chef, et il n'aurait jamais exécuté, à la place de Mac-Mahon, la marche sur Montmédy reconnue fausse.

Blücher du reste ne tarda pas à profiter de la liberté qui lui était accordée. Il se dit que, si Napoléon voulait se servir des derniers jours de l'armistice pour rassembler tout son monde contre l'armée de Bohême, lui, Blücher, serait au commencement des hostilités hors du jeu pour au moins 48 heures, car toute la zone neutre, large de deux journées de marche, le séparait des Français. Ainsi, au mépris de la neutralité, il fait irruption dans cette zone et s'y établit le 14 août en avant de Breslau et auprès de Striegau.

Enfin la troisième armée de la coalition était celle de l'Allemagne du nord sous le prince royal de Suède qui avait pour chef d'état-major le général baron Adlerkreutz. Bernadotte, âgé de 49 ans, homme de beaucoup d'esprit et d'un abord facile et agréable, mais soupçonneux et défiant, ne sut pas dans cette campagne s'élever aux grandes idées mais seulement aux grandes ambitions. Il reléguait les points de vue militaires au second plan et s'occupait de préférence d'intrigues et de projets politiques. Le rôle d'offensive contre les communications de Napoléon, qui, selon le plan de Trachenberg, lui incombait, n'était pas de son goût. Il nous a laissé le récit d'un entretien qu'il a eu à Stralsund avec Moreau avant la réouverture de la campagne et qui est assez étonnant, au point qu'on doit regretter que Moreau ne nous en ait pas conservé, lui aussi, une relation, car là c'est Moreau qui doit prendre à tâche de prêcher à Bernadotte la précaution et l'engager à ne pas trop s'avancer. Cependant un passage, qui est plus d'accord avec la marche ultérieure des événements, se détache de ce récit, c'est lorsque Bernadotte dit: «J'aurai toujours soin de gagner sur lui (Napoléon) une marche qui l'empêchera de m'atteindre, dussé-je me retirer jusqu'à la presqu'île de Darss, sur Stralsund, sur Rügen, *sur mes vaisseaux* ..... je ne m'exposerai pas à ces coups de massue qui ont si souvent réussi à Napoléon.» [1] Voilà le vrai principe qui l'a guidé, lors même qu'il vit avoir affaire seulement aux lieutenants de Napoléon.

Son armée, contenant des contingents de presque tous les peuples en armes contre la France, se composait comme il suit:

Suédois, sous le maréchal Stedingk, 24,000 hommes,
Russes, sous Wintzingerode 12,000   —
    et sous Worontzov 12,000   —

---

[1] Recueil des ordres etc. du prince royal de Suède. Stockholm, 1838.

contingents différents, sous Wallmoden . . . . 28,000 hommes,
Prussiens, sous Bülow . . . . 40,000 —
et sous Tauentzien. . . . . . 40,000 —

Le corps de Tauentzien était destiné au blocus des forteresses; mais, puisque ce général avait pu rendre disponibles en rase campagne encore à peu près 20,000 hommes et puisqu'on voulait user de procédés aimables envers Bernadotte, Tauentzien devait coopérer avec celui-ci et, de fait, il agissait comme un corps sous ses ordres. Ainsi en somme cela donne 156,000 hommes. Cependant Wallmoden et une grande partie de Tauentzien étant détachés pour différents buts, on ne peut estimer les forces combattantes de l'armée du Nord à plus de 110,000 hommes avec 350 bouches à feu.

Ainsi, à l'expiration de l'armistice, nous voyons Napoléon appuyé à la ligne fortifiée de l'Elbe, ayant sa masse principale sur le Bober et la Katzbach, épiant les mouvements que vont faire les ennemis «en mesure de profiter de leurs sottises,»[1] enfin représentant dans sa personne l'unité absolue du commandement suprême. Vis-à-vis de lui l'armée des Coalisés, supérieure en nombre, mais partant de trois points assez éloignés l'un de l'autre, de la Bohême, de la Silésie et de Berlin et traînant à sa suite les quartiers généraux de trois souverains qui la remplissent d'intérêts divergents, · d'opinions multiples, d'intrigues et de jalousie. Quelle sera dans ces conditions l'issue de la lutte que l'Europe entreprend contre son oppresseur?

---

[1] Instructions à Ney et Marmont. Dresde, 12 août.

CHAPITRE IV.

Le 15 août au soir l'Empereur quitte Dresde, le
18 il est à Gœrlitz où il reçoit confirmation de la
nouvelle que 40,000 Russes sont entrés en Bohême,
puis on lui rapporte encore que les Autrichiens sont
passés sur la rive gauche de l'Elbe. Là-dessus il
modifie son premier projet d'enlever Blücher et veut
maintenant «tâcher d'étriller» d'abord les Russes en
Bohême. Il se rend donc le 19 août à Zittau, pousse
une pointe en Bohême à Gabel, expédition qu'il ac-
compagne de sa personne; là il apprend que le quartier général de Schwarzenberg a été le 17 à Melnik,
que ce général s'éloigne vers l'ouest et que les Russes
semblent prendre la même direction. Ceci lui fait
comprendre que, actuellement, il n'y a rien à craindre
pour le défilé de Zittau, ni à espérer un coup heureux contre les Russes en Bohême et ainsi il rentre
dans son idée première de tomber sur, Blücher. Il
fait le calcul que, si l'ennemi, ayant appris la pré-

sence de l'Empereur à Gabel, se tourne avec son armée principale contre Zittau, il ne pourra y être rendu que dans cinq jours, et alors les corps qui y sont se battront dans le défilé «jusqu'à extinction,» ce qui fournira toujours à Napoléon le temps d'arriver de son «épisode» en Silésie. Ainsi le 20 août il est à Lauban.

En Silésie en attendant Blücher s'était avancé le 16 août à Jauer et Bolkenhain; ce mouvement engage Ney à se replier dans la nuit du 17 au 18 vers le Bober, les corps de Lauriston et de Macdonald se portent à Lœwenberg, ceux de Ney et de Marmont à Haynau. Blücher, qui s'en aperçoit le 18 au matin, croit les Français en pleine retraite sur l'Elbe et, fidèle au plan de campagne général, il veut suivre incontinent; ainsi il dirige Sacken par Haynau sur Bunzlau, Yorck par Goldberg sur Lœwenberg, Langeron par Schœnau aussi sur Lœwenberg; partout on se trouve en contact avec l'ennemi qui cependant ne tient pas. Les corps de Blücher atteignent respectivement Liegnitz, Goldberg et Schœnau. Le lendemain, 19, ce général continue sa marche en avant, toujours aux prises avec Ney. Celui-ci le soir a son propre corps et Marmont à Bunzlau, mais occupe encore la rive droite du Bober; Lauriston est à Lœwenberg, Macdonald à sa droite, mais ils sont déjà au delà du fleuve. Le 20, sous la pression de Blücher, la rive droite est entièrement abandonnée par les Français et le soir les deux armées sont en présence sur les bords du fleuve.

C'est là que l'Empereur, arrivant le 21 au matin, les trouve. Il ordonne l'offensive avec l'espoir d'arriver à une bataille. Macdonald, Lauriston, les gardes et Latour-Maubourg, — ces derniers amenés par Napoléon, — se rassembleront sur Lœwenberg, Marmont s'en rapprochera, Ney passera le Bober à Bunzlau, puis se rabattra par Alt Giersdorf. Le 21 au matin on s'ébranle. Blücher avait cru d'abord voir les Français prolonger leur retraite, mais il est bientôt refoulé lui-même énergiquement et, malgré ses essais de résister, il se trouve le soir derrière le torrent de la Schnelle Deichsel. Il a compris par cette journée, en voyant les masses françaises et en apprenant l'arrivée de Napoléon, que le moment est venu où il faut exécuter l'autre partie du programme, celle de reculer sans perdre le contact, mais en évitant la bataille. Toutefois, dès le lendemain matin, il gagne la conviction que l'Empereur n'est plus vis-à-vis de lui et, quoiqu'il en soit, il croit bon de forcer l'ennemi à se déployer devant lui avant de se retirer plus loin. Cependant Langeron décampe dès que les Français s'approchent, et ainsi il faut faire suivre le reste; l'armée de Silésie se replie donc derrière la Katzbach pressée par Ney, Lauriston, Macdonald et la cavalerie de Latour-Maubourg.

Pendant ces journées la conduite de Blücher a été remarquable. Il n'y a pas à la guerre de tâche éprouvant mieux le coup d'œil et le caractère d'un général en chef que celle de toujours croiser le fer avec l'ennemi sans lui donner jamais sérieusement prise. On n'y arrivera qu'en suivant l'exemple du général prussien, qui consiste à être entreprenant et offensif jusqu'au moment où l'on reconnaît clairement la supériorité de l'adversaire et de nouveau à partir du moment où l'on croit que l'équilibre est rétabli. C'est ainsi que jusqu'au 21 Blücher pousse en avant; puis le moment de la supériorité de l'ennemi est arrivé, ce qu'il sera du reste toujours facile de reconnaître puisqu'alors on sera rudement ramené comme cela arriva ce jour-là à Blücher. Mais ce qui est plus difficile à bien saisir, c'est le moment où l'ennemi s'affaiblit de nouveau. L'histoire des guerres fourmille d'exemples où des généraux ont réussi, en se masquant par de faibles troupes formant rideau, à gagner de fortes journées sur leur adversaire. La résolution de Blücher, c'est-à-dire celle de reprendre journellement l'offensive à moins qu'on n'en soit péremptoirement empêché, est la seule qui puisse nous empêcher d'être mystifiés de la sorte.

Dans la nuit du 22 au 23 août, l'Empereur reçoit une communication de Saint-Cyr, datée du 22 à 11 heures du soir et portant que l'armée de Bohême est en voie de pénétrer en Saxe et qu'il craint pour Dresde. De suite Napoléon résout de s'en retourner sur l'Elbe et, voulant emmener Ney, il ordonne:

Macdonald prendra le commandement de l'armée sur le Bober, il aura le 3me corps sous Souham, le 11me sous Gérard, le 5me et Sébastiani; il doit prendre position sur le Bober et tenir en échec l'armée de Silésie après l'avoir préalablement refoulée au delà de Jauer.

Dans la conviction gagnée la veille que Napoléon est parti, Blücher le 23 août veut reprendre le mouvement en avant, mais il voit les Français avancer de leur côté et de nouveau il est refoulé; le soir il est en arrière de Jauer où il veut maintenant tenir tête à tous risques.

L'Empereur, qui pendant la journée a encore assisté à cette mise à exécution de son ordre, arrive le soir à Gœrlitz. Les gardes, Latour-Maubourg et Marmont sont rendus à Lauban. Vandamme reçoit l'ordre de se porter sur Dresde, il avait été placé auparavant à Rumbourg près de Victor. Ce dernier sera dirigé de même sur la capitale saxonne.

Avant d'entamer le récit des événements qui se passeront sous les murs de Dresde, nous devons nous rendre au quartier général de l'armée de Bohême pour exposer les mouvements que cette armée a faits. Elle avait eu le 19 août, jour où l'Empereur Napoléon arrivait à Zittau, ses avant-postes au pied de l'Erzgebirge, les Autrichiens sur l'Eger, le reste en arrière à Budin. Vis-à-vis du défilé de Gabel on a seulement la division légère Bubna qui n'atteint pas 10,000 hommes. L'apparition de Napoléon à Zittau avait d'abord naturellement éveillé l'idée d'une offensive de sa part en Bohême, mais, lorsqu'on voit qu'il a sa masse en Silésie, on résout de prendre l'offensive sur la rive gauche de l'Elbe. Ainsi le 20 on rapproche l'armée de l'Erzgebirge et le 21 on pousse des détachements dans les défilés pour s'en assurer. Enfin, le 22, Schwarzenberg commence à défiler par les montagnes. Il est en quatre colonnes;

    la première, Wittgenstein, va de Tœplitz sur Berggiesshübel,

    la deuxième, Kleist, de Brüx à Seyda,

    la troisième, prince de Hesse, de Kommotau à Marienberg,

    la quatrième, Gyulai, de Kaaden à Marienberg.

Le seul Wittgenstein a un combat un peu sérieux, car il se heurte contre Saint-Cyr qui se tient en avant de Pirna. Le maréchal français est refoulé sur Pirna et le soir se retire sur Dresde. C'est à la suite de cette attaque qu'il écrit à l'Empereur le rapport qui fait revenir celui-ci de Silésie.

Cette marche de Schwarzenberg, comme conception stratégique ne saurait être qu'approuvée. Jusqu'alors Napoléon, par sa menace sur Gabel, puis par son offensive sur Jauer, avait eu l'initiative des mouvements, l'invasion de la Saxe par les Coalisés la lui arrachait. C'était lui maintenant qui devait soumettre ses décisions aux nouvelles qu'il recevrait de l'ennemi et il le fit aussitôt en dirigeant Marmont et Latour-Maubourg, Victor et Vandamme sur Dresde. C'est toujours l'indice d'une bonne idée stratégique si nous sommes mis à même de faire la loi des mouvements à l'adversaire.

Mais comme exécution, cette même marche en Saxe ne répondait nullement aux exigences de la situation et en cela la marche de Napoléon, provoquée par elle, fournit un contraste frappant. Averti dans la nuit du 22 au 23 à Lœwenberg du péril dont Dresde est menacé, l'Empereur achemine sur le champ une armée de secours sur cette ville, et le 26 déjà une partie de ces troupes, les gardes, y prendront part à la bataille, à 34 lieues de Lœwenberg, tandis que le reste arrivera le 27 au matin, grande preuve de l'empire qu'a le génie sur les hommes. Schwarzenberg avait tout le temps depuis le 20 pour franchir les douze lieues qui le séparaient de Dresde, il n'arrive devant cette capitale que le 25. «Activité, activité, vitesse,»[1] écrivait Napoléon en 1809 à Masséna, on voit qu'au besoin il savait développer à un merveilleux degré ces deux qualités.

---

[1] Donauwœrth, 18 avril.

La lenteur des mouvements de Schwarzenberg s'alliait encore à l'indécision sur le but à atteindre et en provenait en partie. Au fond, on avait pris pour objectif Leipzig, cependant, comme on entrevit la possibilité d'être forcé de se tourner contre Dresde, on voulait aussi mettre des forces sur cette route et ainsi on franchit l'Erzgebirge sur une ligne de quinze lieues d'étendue, ce qui, ajouté aux difficultés des communications transversales dans les montagnes, était pleinement suffisant pour amener l'anéantissement d'une, voire de deux des colonnes avant que les autres n'aient pu porter le moindre secours, pour peu qu'on trouvât l'ennemi en force et sur ce dernier point on n'avait aucune donnée positive. C'est bien tout ce qu'il y a de plus contraire au principe napoléonien de déboucher en masse.

Du reste tout ce plan d'aller sur Leipzig était avorté dès l'origine. On avait l'idée de menacer ainsi les communications des Français, mais avec un adversaire de la trempe de Napoléon la menace ne suffit pas, il faut réellement l'endommager pour influer sur ses plans. Rappelons-nous ce que Jomini dit: «L'art de la guerre ne consiste pas à faire des courses sur les communications de ses ennemis, en tremblant de faire un pas; il consiste essentiellement à s'emparer de ces communications, et à marcher alors au combat.»[1] Nous avons vu plus haut, en parlant du plan de campagne de l'Empereur, qu'il était résolu d'emblée à ne pas s'inquiéter de ses communications avec la France; le mouvement des Alliés sur

---

[1] Histoire critique des campagnes de Frédéric II.

Leipzig contre les communications françaises aurait trouvé sa contre-partie dans un mouvement de l'Empereur en Bohême sur les communications autrichiennes, ce qui aurait promptement rappelé Schwarzenberg. Aussi comprit-il ceci quelques jours plus tard et c'est alors qu'il achemine tout sur Dresde, à l'exception toutefois de Klenau qui fut détaché tout à fait inutilement sur Freyberg et, à l'époque de la bataille, se vit ainsi hors de cause. Mais en attendant que de temps perdu! Du côté de Napoléon, un but précis, la résolution inébranlable de l'atteindre. le comble de la rapidité dans les mouvements: c'est le vol de l'aigle sur sa proie; dans le camp des Coalisés, incertitude et lenteur, c'est-à-dire l'échec inévitable. La teneur même des ordres est une expression de cette différence. Ceux de l'Empereur, brefs, quelquefois même laconiques, ne parlent du détail que lorsqu'il a une importance spéciale, mais fixent avec précision la situation et poussent en avant, ceux de Schwarzenberg, prolixes et minutieux, retiennent toujours les généraux, comme craignant qu'il ne soit fait trop, et enchaînent leurs vues dans les détails de l'étape journalière.

Après avoir dépassé la crête de l'Erzgebirge l'armée coalisée le 23 août se serre un peu sur sa droite. L'après-midi de ce jour, dans une conférence des monarques à Kommotau, on renonce définitivement à l'objectif Leipzig, et ainsi, le lendemain, Wittgenstein avance sur Dresde. Il voit les Français évacuer devant lui les villages des environs et se replier dans la ligne des fortifications. Le gros de l'armée se masse à Dippoldiswalde, détachant un corps. Klenau, à Freyberg, les réserves suivent sur Pirna.

Schwarzenberg, qui ne sait rien de précis, ni sur l'état de Dresde, ni sur la force de la garnison, y envoie ce jour-là un espion qui lui revient le lendemain et rapporte qu'il y a là 20,000 hommes et que la ville est entourée de cinq redoutes.

En réalité les travaux français comprenaient sur la rive gauche, en aval comme en amont de la ville une flèche pour l'enfilade de l'Elbe.

Devant les lisières sud et est des faubourgs, il y avait cinq lunettes à barbette avec fossés palissadés ; elles n'avaient ni commandants spéciaux, ni magasins à poudre. Après la bataille l'Empereur change cela.

Derrière le cercle des lunettes il y avait l'enceinte des faubourgs mise en état de défense. On avait pratiqué des embrasures dans les maisons du pourtour, élevé des échafaudages derrière les murailles, fermé les lacunes par des palissades ou des palanques. Une telle enceinte fermée et défendable sera toujours le complément nécessaire de la défense d'une grande ville. Des ouvrages avancés provisoires ne pourront jamais être à l'abri d'une attaque de vive force ; ainsi on pourra les tenir en échec par une attaque d'infanterie, pendant qu'on pénètre par les entre-deux dans la ville et de là alors l'on prend les ouvrages à revers. Et un tel point faible se trouvera toujours, car des ouvrages provisoires ne pourront pas être disposés de manière à battre systématiquement chaque mouvement du terrain sans laisser des angles morts. Ainsi il faut une enceinte défendable pour résister à un tel assaut.

En avant des lunettes, le déblai du champ de tir et de vue n'avait pas été fait avec un soin suffisant. Des maisonnettes, des enclos, des massifs d'édifices, ni occupés, ni démolis étaient tout à l'avantage de de l'agresseur, et surtout la brasserie dominante du Feldschlösschen devait se montrer très-gênante.

Dans l'intérieur de la ville, l'ancienne fortification de l'Altstadt, rétablie aussi bien que possible, formait un précieux réduit. Enfin la communication avec la rive droite était assurée par trois ponts, l'ancien pont en pierre rétabli et deux de bateaux.

En somme ce travail, d'une bonne force de résistance, fit honneur au génie français et au général Rogniat son chef.

Saint-Cyr a occupé avec la division Claparède l'enceinte de la ville, — quatre bataillons dans le grand jardin, — avec Razout le faubourg Friedrichstadt; Berthezène est en réserve dans la ville, Duvernet a été laissé à Kœnigstein. En attendant, l'Empereur est encore en personne à Gœrlitz le 24. De là il écrit à Maret un exposé de la situation qui nous initie à ses plans; il y dit: «Mon intention est de me porter à Stolpen. Mon armée y sera réunie demain. J'y passerai le 26 à faire des préparatifs et à rallier mes colonnes. Le 26, dans la nuit, je ferai filer mes colonnes par Kœnigstein, et à la pointe du jour, le 27, je me mettrai dans le camp de Pirna avec 100,000 hommes. J'opérerai de manière qu'à sept heures du matin l'attaque sur Hellendorf commence et que j'en sois maître à midi. Je me mettrai alors à cheval sur cette communication. Je m'emparerai de Pirna. J'aurai deux ponts prêts pour les jeter, si cela est nécessaire, à Pirna.

«Ou l'ennemi a pris pour ligne d'opération la route de Peterswalde à Dresde, et alors je me trouverai sur ses derrières, toute mon armée contre lui, qui ne peut pas rallier la sienne en moins de quatre ou cinq jours. Ou bien il a pris sa ligne d'opération par la route de Kommotau à Leipzig; alors il rétrogradera,[1] et il se portera sur Kommotau; Dresde se trouvera dégagé, et je me trouverai en Bohême plus près de Prague que l'ennemi, et j'y marcherai.»

Arrivé le 25 à une heure du matin à Stolpen, où il a la Garde, Latour-Maubourg et Vandamme, l'Empereur, selon son plan, envoie ce dernier en avant sur Kœnigstein; il y ralliera la division Duvernet, de Saint-Cyr, occupera le plateau de Pirna et de là débouchera sur Lang-Hennersdorf et Hellendorf. Saint-Cyr continue à donner de ses nouvelles, il a installé un observatoire sur le clocher de la Kreuzkirche, d'où l'on embrasse le terrain à deux lieues à la ronde, et rapporte que les Autrichiens paraissent vouloir se tourner contre Dresde, que l'ennemi a des intentions contre le Kœnigstein, — c'est un corps d'observation laissé là par Wittgenstein, — enfin qu'il semble vouloir attaquer le grand jardin, mais que le tout paraît n'être qu'une grande reconnaissance. Napoléon, voyant son lieutenant quelque peu alarmé, lui écrit pour lui rappeler la force de la position à Dresde et pour lui faire part de ses intentions. Ce même jour, le 25, Schwarzenberg fait avancer son armée contre Dresde, à quatre heures de l'après-midi il est en face de la ville. Cependant on n'entreprend rien de sérieux pour s'en emparer, l'assaut est différé au lendemain sous prétexte que les troupes sont trop fatiguées, qu'il vaut mieux attendre que les frac-

---

[1] La correspondance a «ne rétrogradera pas», ce qui ne donne pas de sens.

tions qui sont encore en arrière aient rallié pour attaquer avec la totalité de l'armée etc. etc. Seul, Jomini conseille d'attaquer sur-le-champ la ville, mais il n'est pas écouté. Ainsi on campe, Wittgenstein à Seidnitz, Kleist à Leubnitz, les deux colonnes autrichiennes, celle de droite sous Colloredo à Räcknitz, celle de gauche sous Chasteler en face de Plauen, les réserves sont à Dippoldiswalde.

Que l'on ait commis une grave faute militaire en ne se jetant pas sur Dresde dès le 25, de bonne heure, c'est ce qui ne saurait être mis en contestation. Chaque heure qu'on laissait s'écouler dès lors devait ajouter au chiffre des défenseurs, tandis que Schwarzenberg pouvait déjà entrer en ligne avec le gros de ses forces. Toute l'opération sur Dresde ne pouvait avoir que deux buts, l'un, petit, secondaire, était celui de dégager Blücher, de faire revenir sur ses pas Napoléon; il était atteint, et si l'on n'avait pas de prétentions au delà, on pouvait retourner en Bohême selon l'idée fondamentale de ne point se battre là où Napoléon serait en personne: mais alors la bataille du lendemain était une faute signalée. L'autre but, qu'on avait pu poursuivre en marchant sur Dresde, était de tomber là sur les communications de l'Empereur, de s'emparer de la ville et de le forcer ainsi à une bataille qui, s'il la perdait, décidait de la guerre; c'eût été un de ces plans qui font la renommée des grands capitaines, mais qui ne pouvait réussir qu'à la condition d'agir avec une promptitude et une conséquence extrêmes et de bien tenir à portée toutes ses masses. Mais on n'a pas voulu tirer ces conséquences logiques de la situation et ainsi Schwarzenberg, prescrivant aux chefs des colonnes de ne pas dépasser un certain point et d'y attendre de nouveaux ordres, réservait au quartier général le temps de délibérer, c'est-à-dire le temps d'être indécis. En de telles situations, c'est toujours l'avis pusillanime qui l'emporte, on croit toujours avoir le temps et l'on s'imagine même être très-circonspect en préparant mieux l'action, tandis que la plus grande hardiesse serait la meilleure prudence, et c'est ainsi que la journée du 25 août fut perdue.

Cependant, peut-on dire encore, s'il ne dépendait que de Schwarzenberg de s'emparer de Dresde et de couper ainsi à l'Empereur la maîtresse artère de ses plans, n'était-ce pas alors un coup de tête impardonnable de la part du capitaine français que celui de s'engouffrer dans la Silésie lorsqu'il pouvait tout perdre sur l'Elbe? C'est justement ici que nous retrouvons l'empreinte du génie dans le canevas des opérations; Napoléon savait bien que Schwarzenberg et son armée de contingents y mettraient de la précaution et qu'il pourrait tenter l'équipée en Silésie, sauf à rebrousser chemin. Le calcul mathématique des distances et des chiffres ne suffit pas, il faut y faire entrer encore l'élément moral, la connaissance spéciale de l'adversaire, ce que Napoléon lui-même appelle la partie divine de l'art.[1] La pure logistique doit condamner Napoléon marchant sur Jauer lorsque Schwarzenberg le menace dans son dos; mais le grand art militaire nous apprend à l'admirer, car dans une situation critique, il montre par là qu'il se sent su-

---

[1] Napoléon, Mémoires. Précis des guerres du maréchal de Turenne.

périeur de caractère à tous ses adversaires,[1] et l'é-
nergique résolution, accompagnée d'une bonne exécution, comme toujours, l'emporte. C'est le général
Bonaparte qui a dit dès le début de sa carrière: La
guerre est une affaire de tact.[2]

Saint-Cyr avait reconnu bien mieux que Schwarzenberg le péril dont Dresde était menacé si les Alliés se servaient résolûment de leur supériorité écrasante, et le 25, à minuit, il écrit à l'Empereur: «Il
paraît, par la grande quantité de moyens que l'ennemi a réunis, qu'il veut brusquer une attaque . . . . . .
Nous sommes bien déterminés à faire tout ce qu'il
sera possible: je ne puis rien garantir de plus à
Votre Majesté avec d'aussi jeunes soldats.» L'Empereur, renseigné en outre sur l'état des choses à
Dresde par le rapport du chef d'escadron Gourgaud
qu'il y a envoyé pour voir de ses yeux et qui lui
revient à onze heures du soir, ordonne le 26 à une
heure du matin que tout ce qu'il a sous la main à
Stolpen doit se rendre à Dresde, tandis que Vandamme
continuera son mouvement par Kœnigstein pour déboucher sur Hellendorf et qu'il se réserve Marmont
et Victor pour les diriger selon les circonstances à
Dresde ou à la suite de Vandamme.

Nous verrons les deux maréchaux prendre la première de ces directions, et c'est cette grande vérité, que
seules les forteresses permanentes peuvent impuné-

---

[1] Jomini dit dans le «Précis de l'art de la guerre»: «Le com-
pas des géomètres pâlira toujours, non seulement contre les
génies tels que Napoléon et Frédéric, mais contre les grands
caractères tels que les Souwaroff, les Masséna.»

[2] Las Cases, Mémorial de Ste Hélène.

ment être abandonnées à leur sort, mais que la meilleure fortification provisoire demande une troupe bonne et nombreuse pour sa défense, qui force l'Empereur à modifier son projet de déboucher sur les communications de l'adversaire. Plus tard il fera lui-même ressortir cette différence; lorsqu'en octobre il a conçu le plan de s'appuyer à Magdebourg, il dit: «Magdebourg est une grande, belle et forte place de guerre que l'on peut abandonner à elle-même autant de fois et aussi longtemps qu'il est nécessaire, sans crainte de la voir enlever par un coup de main un peu vigoureux, comme Dresde aurait pu l'être pendant les trois jours que les alliés sont restés devant ses faubourgs, s'ils avaient été commandés par un homme de tête.»[1]

Ainsi, dès quatre heures du matin, tout est en marche, et à dix heures la tête de colonne de la Garde entre à Dresde. On dirige: Mortier aux barrières de Plauen et de Dippoldiswalde, Ney à la barrière de Pirna: chacun de ces maréchaux a deux divisions de la jeune garde. L'Empereur lui-même, arrivé à neuf heures à Dresde, fait d'abord le tour de la ville extérieure, reconnaît toutes les dispositions prises pour la défense et s'en montre content, vers une heure il fait une nouvelle reconnaissance au faubourg de Pirna, puis il s'établit à l'issue du grand pont en pierre d'où il dirigera la bataille.

Pendant ce temps, de tous les côtés, Schwarzenberg a poussé ses colonnes sur la ville. Mais, comme nous l'avons déjà remarqué auparavant, les ordres donnés à cet effet ne portent nullement le caractère

[1] Gouvion Saint-Cyr, Mémoires.

d'une ferme résolution de prendre Dresde, d'atteindre son but coûte que coûte. Il a disposé ses forces en cinq colonnes et ordonne:

à la première, Wittgenstein, d'avancer aussi loin que possible en guise *de démonstration*;

à la deuxième, Kleist, d'attaquer comme *démonstration* le grand jardin ou, si celui-ci était déjà occupé, les faubourgs;

à la troisième, Colloredo, de faire *des démonstrations;* elle avancera aussi loin que cela sera possible *sans une perte d'hommes disproportionnée,* elle peut même occuper les faubourgs;

à la quatrième, Chasteler, d'occuper Plauen pour couvrir la marche de la 5me colonne;

à la cinquième, de s'emparer de Lœbtau et de balayer tout le terrain jusqu'aux Schuster-häuser.

Trois divisions seront en réserve en arrière de Plauen et entre Coschütz et Kaitz.

L'attaque de l'aile gauche et le bombardement de la ville sont fixés à quatre heures précises de l'après-midi.

La lecture de cet échantillon d'ordre suffira pour comprendre qu'un échec était inévitable, quoique les Alliés aient mené au feu 150,000 hommes contre tout au plus 70,000 Français. Au lieu de donner rendez-vous aux cinq colonnes au marché central de l'Altstadt même, au lieu de leur prescrire la plus énergique offensive, on ne parle que de démonstrations pour les trois premières colonnes, on veut prendre avec les deux autres deux villages, mais de pénétrer dans la ville, il n'en est pas question et ainsi on avait d'avance ordonné l'échec de l'entreprise. Plotho dit bien que «pour réussir, on eût dû *vouloir* ce qu'on n'a fait que *désirer.*»

A huit heures du matin, les Russes de Wittgenstein, qui formaient la droite, ouvrent le combat par le feu de leur artillerie, mais les Français, plus nombreux sur ce point et mieux placés, se maintiennent et repoussent même les assauts de l'infanterie russe. A la gauche de Wittgenstein avancent les Prussiens; ils occupent Strehla et pénètrent en même temps que les Russes dans le grand jardin, sans trouver beaucoup de résistance. Vers une heure de l'après-midi, il y a ici une pause dans le combat, le gros des Russes est à Gruhna, celui des Prussiens à Strehla-Leubnitz.

Les Autrichiens ont délogé les Français de Plauen, puis aussi des fermes et enclos en avant de l'enceinte des faubourgs, et notamment du Feldschlösschen; les Français se replient sur les lunettes IV et V et les Autrichiens trouvent impossible d'avancer plus loin. Sur l'extrême gauche, ils se sont emparés de Lœbtau après une résistance très-opiniâtre.

A trois heures 10, on mande à l'Empereur Napoléon que l'assaut de la ville paraît commencer. Il est plein de confiance et ne doute pas de la victoire, puisqu'on lui a laissé le temps de rassembler une force suffisante à Dresde; il lui arrive de s'écrier: «Quoique mes ennemis aient commencé assez logiquement, pourtant ils tombent déjà ici du rôle; s'ils m'attaquent maintenant, cela peut leur coûter la campagne.»[1]

---

[1] Aster, dans son livre «Description des événements militaires à et devant Dresde depuis le 7 mars jusqu'au 28 août 1813» cite ces paroles du journal du général saxon de Gersdorf.

A quatre heures, les Alliés attaquent simultanément sur toute la ligne. A l'extrême droite de Wittgenstein onze bataillons, qui avancent entre l'Elbe et le chemin de Blasewitz, prennent les massifs et enclos devant l'enceinte, mais sont alors enveloppés par un tel feu croisé de la lunette I et de trente pièces placées au delà de l'Elbe, qu'ils éprouvent des pertes énormes. Les Prussiens de Kleist, pendant ce temps, soutiennent un combat long et difficile pour devenir maîtres de tout le grand jardin; à cinq heures, ils y ont réussi. De là ils donnent l'assaut contre la lunette II et l'enceinte du faubourg, formée sur ce point par la haute muraille précédée des fossés d'un jardin princier; deux tentatives échouent. Au moment d'un troisième assaut, secondé cette fois-ci à droite par les Russes, a lieu le contre-coup de Napoléon que nous relaterons plus bas en son entier.

Les Autrichiens battent, en partie d'enfilade, par le feu d'une grande batterie, les lunettes III et IV; l'effet en est grand, les ouvrages souffrent beaucoup et, lorsque la mousqueterie des Autrichiens qui occupent le Feldschlösschen vient à s'y mêler, les défenseurs abandonnent la redoute IV; cependant les Autrichiens ne peuvent non plus y entrer, car ils sont repoussés par la réserve extérieure; une tentative contre la lunette V échoue de même. En revanche, le gros des forces autrichiennes avance de Räcknitz-Plauen et dispose des troupes pour l'assaut de l'ouvrage III qu'on tient en même temps sous le feu efficace d'un détachement de chasseurs. Le commandant de la lunette laisse la caponnière en palissades de l'ouvrage sans défenseurs, bien qu'on lui en fasse la proposition, les munitions des artilleurs sont consommées et ainsi l'assaut réussit, mais avec de fortes pertes. Un essai de pénétrer dans le faubourg trouve cependant un obstacle insurmontable dans la haute muraille du jardin de l'hôpital.

C'est alors, à six heures, que sur toute la ligne les réserves françaises se lancent à la rescousse. Vis-à-vis de Wittgenstein c'est Mortier qui, avec les divisions Decouz et Roguet de la jeune garde, débouche du faubourg de Pirna, déloge les Russes de toutes les positions prises d'abord, puis aussi de la colline aux moulins à vent, où ils veulent s'établir en seconde ligne, et les force, à sept heures, à se retirer sur Striesen. Mais là encore il les poursuit; à huit heures, les Français entrent dans le village où un combat acharné s'engage. Les Russes n'évacuent le village complètement qu'à minuit et après que les Français y ont mis le feu. La tâche de refouler les Prussiens incombait à la division Berthezène, de Saint-Cyr. Elle arrive juste au moment où les Prussiens s'épuisaient en vain contre l'enceinte du faubourg et ainsi on les mène battant jusqu'à Strehla, leur infligeant de fortes pertes. Enfin Ney fond sur les Autrichiens avec les deux autres divisions de la jeune garde; il se dirige sur le Feldschlösschen, le prend par un assaut sanglant et tout de suite le rase; simultanément il a dirigé sur la lunette III, une attaque qui réussit de même. Les Autrichiens se retirent alors dans la ligne Zschertnitz-Räcknitz-Plauen.

A l'extrême gauche, sur le terrain compris entre la Weisseritz et l'Elbe, qui forme un champ de bataille à part, Gyulai a occupé Cotta et Schusterhäuser et a battu d'une forte artillerie le faubourg de Friedrichstadt, lorsque, à six heures, les Français passent à l'offensive. C'est Murat, auquel l'Empereur a donné les divisions Teste, de Vandamme, Dumoustier, de la jeune garde, et la cavalerie de Latour-Maubourg; il arrache de nouveau aux Autrichiens une partie du terrain conquis, mais il ne se passe là rien de décisif et l'on reste en présence pendant toute la nuit.

Klenau, qui avait dû atteindre Tharandt, en fut empêché par l'état détestable des chemins.

Les demi-mesures, qui de la part des Alliés ont préludé à cet échec, nous en avons déjà parlé. De la part de l'Empereur, la bataille nous montre encore une fois combien il était passé maître dans l'art d'économiser ses réserves jusqu'au moment psychologique de la décision, pour nous servir d'une expression devenue fameuse, et de leur imprimer alors par l'ensemble de leur action une violence irrésistible. Ici, il attendait que les assaillants eussent suffisamment perdu de sang et épuisé leurs forces en s'acharnant contre l'enceinte fortifiée, pour frapper alors un grand coup avec toutes ses troupes fraîches. Cette manœuvre avait été soigneusement préparée d'avance, car l'on avait déblayé dans les faubourgs avec une attention spéciale les communications d'approche pour toutes les armes.

Le soir du combat, l'Empereur parcourt les bivouacs de ses troupes et reconnaît leur position. Dans la nuit lui arrivent encore Marmont et Victor, de sorte que les chances pour l'engagement du lendemain sont des plus favorables. Les Alliés au contraire apprennent le soir que Vandamme a réussi en partie à passer l'Elbe à Copitz, vis-à-vis de Pirna, et qu'il y a eu là une vive canonnade avec la division russe du prince de Würtemberg, placée en observation. On y envoie le général russe Ostermann avec des renforts, une division de gardes russes, de sorte qu'il dispose là de 15,000 hommes en tout.

Le 27 août à quatre heures du matin Napoléon met son armée en bataille sous une pluie torrentielle. Il a rassemblé alors 100,000 hommes. Sa droite est formée par Murat qui a sous ses ordres Victor, la division Teste et la cavalerie Latour-Maubourg; le centre consiste en Marmont, la vieille garde et les deux divisions de la jeune garde sous Ney, puis vient Saint-Cyr; enfin à gauche Mortier et la cavalerie de la garde sous Nansouty. Les Alliés ont Wittgenstein entre Reick et Leubnitz, de là à gauche Kleist entre Leubnitz et Möckritz, puis les Autrichiens de Räcknitz à Plauen. Le corps de Gyulai est en partie en réserve en arrière de cette ligne, en partie au delà de la Weisseritz. Là on attend encore le corps de Klenau pour fermer la ligne jusqu'à l'Elbe, mais jusqu'alors il n'y avait que la division légère Meszko, se trouvant à l'extrême gauche sur l'Elbe. Cette lacune n'échappe pas à l'Empereur. Après que l'on s'est canonné depuis sept heures du matin, il y fait avancer Murat vers dix heures. Celui-ci s'empare des villages de Nauslitz, Wœlfnitz et Gorbitz; ayant pris ce dernier, qui est situé sur la grande route de Kesselsdorf, il a séparé Meszko du reste de l'armée et il ne manque pas d'exploiter cet avantage en enfonçant ses masses dans l'intervalle, le village de Rossthal tombe de même entre ses mains et les Autrichiens de Gyulai se replient sur Alt-Franken et Pesterwitz. Mais, devant les forces développées par Murat, ils ne croient pas y être en sûreté et, se rabattant à droite, engagent la retraite au delà du ravin de Plauen par Dœhlen. Alors Murat tombe avec toute sa cavalerie sur Meszko, l'enveloppe et ce qui n'est pas tué est pris. Pendant ce temps, le centre ne peut effectuer rien de décisif contre les Prussiens soutenus par des Russes. A la gauche, Mortier refoule facilement l'extrême droite russe, s'empare de Seidnitz, mais, allant au delà pour prendre la position de Reick, il est repoussé et perd même encore Seidnitz, qui cependant est bientôt évacué de nouveau par les Russes.

A cinq heures de l'après-midi, le général Ostermann mande à Schwarzenberg qu'il est au feu depuis le matin contre Vandamme, qu'il n'a pas pu l'empêcher de passer l'Elbe, que maintenant il avance et que lui, Ostermann, a dû lui céder Pirna et a pris sa retraite sur la route de Peterswalde; en même temps le généralissime reçoit le rapport sur l'issue défavorable du combat à l'ouest du ravin de Plauen. On n'a donc plus de choix et la retraite est ordonnée.

Schwarzenberg reconnaît, qu'une fois qu'on décampe, il faut prolonger la retraite jusqu'en Bohême et donne ses ordres à l'avenant. Il assigne à Barclay avec toutes les forces russes et prussiennes la route par Berggiesshübel-Hellendorf à Peterswalde, malgré qu'on sût Vandamme tout près, peut-être déjà en possession de cette route. Mais d'abord on ne lui supposait pas les 40.000 hommes qu'il avait et on était en droit de ne pas le faire; ayant livré bataille deux jours de suite, on pouvait croire avoir eu de front devant soi presque toutes les forces françaises; puis, si l'on évitait de se servir de cette route, il y aurait, vu la grandeur de l'armée, encombrement sur les autres routes rares, difficiles et justement alors détrempées; enfin, la route de Peterswalde abandonnée à l'ennemi, celui-ci pouvait devancer l'armée en Bohême et recevoir ses têtes de colonne au débouché des montagnes. Ainsi le bon sens militaire demandait d'engager Barclay sur cette route, au risque de le voir forcé à se frayer un chemin.

Quant au reste de l'armée, il devait marcher en deux colonnes; l'une sur Altenberg par Dippoldiswalde et par Pretzschendorf, l'autre, Klenau, se mettra sur la grande route de Freiberg à Kommotau. La retraite générale s'engagera le lendemain matin; le soir du 27 on ne se replie que ce qu'il faut pour faire cesser l'engagement. Cette attitude ferme en impose tellement à Napoléon qu'il se trompe du tout au tout sur les intentions des Alliés; à sept heures il écrit à Berthier: «.... l'ennemi n'est point en retraite ..... il est douteux s'il se mettra en retraite cette nuit ..... tout porte à penser qu'il y aura demain une grande bataille.»

Le 28 août, la retraite des Alliés dans l'Erzgebirge s'engage. Mais dès le début Barclay, croyant la marche sur la route de Hellendorf à la barbe de Vandamme trop périlleuse, fait dévier Kleist et Wittgenstein par Maxen et Dippoldiswalde; il donne, dès la nuit du 27 au 28, le même ordre à Ostermann: mais celui-ci, comprenant le péril que toute l'armée courrait si la grande route par Peterswalde était dégarnie tout à fait, y reste. Ainsi, marchant par Hellendorf, l'énergique général se fraye un chemin en combattant et atteint le soir Peterswalde. Kleist atteint Glashütte ayant son arrière-garde près de Maxen, Wittgenstein et les réserves, entremêlés maintenant à une partie des Autrichiens, arrivent à Dippoldiswalde, le reste des Autrichiens à Pretzschendorf. Les arrière-gardes sont en contact avec l'ennemi, mais la poursuite n'est pas trop vive.

L'Empereur lui-même s'était rendu à la pointe du jour au corps de Marmont qui avait reçu l'ordre de poursuivre sur la route d'Altenberg, tandis que Mortier et Saint-Cyr devaient aller à Berggiesshübel pour renforcer Vandamme, et Murat courir sur Freiberg. Mais, voyant les masses ennemies qui sont devant Marmont, l'Empereur dirige Saint-Cyr par Dohna sur Maxen. En attendant, Vandamme, qui s'était établi le 27 au plateau de Pirna, avait d'abord été surpris par l'approche des Russes, car il ignorait encore les événements de Dresde. Mais, bientôt renseigné, il se met à leurs trousses et leur livre de sanglants combats d'arrière-garde, poussant jusqu'à Hellendorf. C'est là que le soir le suivant ordre de l'Empereur le trouve:

A une lieue de Pirna, le 28 août 1813, à quatre heures de l'après-midi.

«L'Empereur ordonne, que vous vous dirigiez sur Peterswald avec tout votre corps d'armée, la division Corbineau, la 42me division, enfin la brigade du 2me corps que commande le général prince de Reuss: ce qui vous fera 18 bataillons d'augmentation. Pirna sera gardée par les troupes du duc de Trévise, qui arrive ce soir à Pirna. Le maréchal a aussi l'ordre de relever vos postes du camp de Lilienstein. Le général Baltus avec votre batterie de 12 et votre parc arrive ce soir à Pirna; envoyez le chercher. L'Empereur désire que vous réunissiez toutes les forces qu'il met à votre disposition et qu'avec elles vous pénétriez en Bohême et culbutiez le prince de Würtemberg, s'il voulait s'y opposer. L'ennemi que nous avons battu paraît se diriger sur Annaberg.

«Sa Majesté pense, que vous pourriez arriver avant lui sur la communication de Tetschen, Aussig et Tœplitz, et par là prendre ses équipages, ses ambulances, ses bagages et enfin tout ce qui marche derrière une armée. L'Empereur ordonne, qu'on lève le pont de bateaux devant Pirna, afin de pouvoir en jeter un à Tetschen.»

En outre l'Empereur, qui s'était rendu vers midi à Pirna, avait ordonné aux autres corps de presser vivement la retraite de l'ennemi dans les gorges de l'Erzgebirge, puis il retourne à Dresde. Ses corps ce jour-là atteignent: Vandamme Hellendorf, Mortier Pirna, Saint-Cyr Maxen, Marmont Dippoldiswalde; Murat est vers Freiberg.

Il est difficile de reconnaître le Napoléon d'autrefois dans les journées du 27 et surtout du 28. Le 27 il doute d'avoir battu l'ennemi et suppose une nouvelle bataille pour le lendemain, lui qui ordinairement était plutôt enclin à surtaxer ses succès, à les croire beaucoup plus complets qu'ils ne l'étaient, et qui s'inspirait de cette assurance pour provoquer un résultat que la fortune hésitait encore à lui accorder et pour exploiter chaque succès jusqu'à l'extrême limite. Et le 28, au lieu d'accompagner lui-même ses colonnes, au lieu de lancer ses masses à la suite de Vandamme, direction qui permettait de devancer l'ennemi, d'entamer sérieusement une de ses colonnes, et, l'affaire principale, de le couper de Prague, en un mot direction qui promettait un de ces résultats stratégiques grandioses qui avaient toujours couronné et complété ses batailles, au lieu de cela, il laisse Vandamme seul, se contente *d'ordonner* une poursuite, ce qui ne mène jamais à grand'chose, et retourne de sa personne à Dresde. Sur ces entrefaites, il avait reçu la nouvelle des défaites de ses maréchaux à Grossbeeren et sur la Katzbach, la première le 25 à midi, l'autre le 29; mais c'est précisément cela qui aurait dû l'amener à en finir définitivement avec l'armée de Bohême pour pouvoir alors librement aller rétablir ses affaires sur les autres points de l'échiquier. Voilà ce qui était conforme aux principes de la guerre tels qu'il les avait toujours professés et illustrés par son exemple.

Ici il se fait illusion, il voit les Coalisés se presser sur la route de Maxen, il sait ses corps engagés sur celles de Peterswalde et de Freiberg, tout va bien, à quoi bon faire encore un effort suprême, et ainsi il dit à Lobau: «Eh bien! je ne vois plus rien, faites retourner la vieille Garde à Dresde,[1]» et lui-même y retourne. On a voulu le disculper en alléguant un malaise subit et violent qui l'aurait frappé à Pirna; mais d'abord Odeleben, qui était dans la suite de l'Empereur, n'en sait rien et affirme au contraire l'avoir vu très-serein et tranquille, et puis on ne pourra pas dire qu'une médiocre atteinte physique puisse excuser un chef d'armée si, dans un moment critique, et le 28 août en était un, il ne fait pas l'impossible pour faire pencher la balance de son côté.

Ainsi le dilemme serait: ou Napoléon n'a pas montré assez d'énergie, ou il n'a pas bien reconnu la

---

[1] O. v. O(deleben). Campagne de Napoléon en Saxe, 1813.

situation. Ainsi posées, les deux suppositions sont inadmissibles, il en avait trop souvent prouvé le contraire. Cependant il y a du vrai dans chacune d'elles. Exerçant depuis de longues années une puissance sans égale, Napoléon était accoutumé à voir tout plier devant lui, tout s'arranger selon son bon plaisir; ainsi on comprend qu'involontairement il ait cru que tout ce qu'il ferait serait suffisant et si l'on y ajoute encore la fatigue, le mauvais temps et les quarante-quatre ans qu'il comptait alors, quarante-quatre ans d'un travail inouï, on s'expliquera comment le capitaine le plus pénétrant, le plus énergique ait pu commettre une telle faute, car, quoi qu'on dise, le 28 août 1813 subsistera toujours devant le raisonnement théorique comme une faute et formera toujours un fatal précurseur du 17 juin 1815. C'est la première fois dans la carrière de Napoléon que la leçon qu'il nous donne est négative, cependant elle est d'autant plus précieuse qu'elle nous affirme encore une fois qu'à la guerre l'énergie du caractère est tout.

A cette occasion nous ne pouvons nous empêcher de rappeler les quelques lignes où Marmont, il est vrai d'une plume peu bienveillante, caractérise Napoléon tel qu'il l'a vu et dit qu'il y a eu en lui successivement deux personnalités. Le second Napoléon, qu'il date depuis Tilsit, il le dépeint comme «gras et lourd, sensuel et occupé de ses aises jusqu'à en faire une affaire capitale, insouciant et craignant la fatigue; blasé sur tout, indifférent à tout, ne croyant à la vérité que lorsqu'elle se trouvait d'accord avec ses passions, ses intérêts ou ses caprices; . . . . . . négligeant dans la conduite de la guerre les plus simples règles de la prudence.»

Les mouvements ultérieurs de l'armée alliée sont réglés par Schwarzenberg de manière qu'il aura derrière l'Eger, le 31 août et le 1er septembre, les Russes et les Prussiens dans un camp à Budin, les Autrichiens dans un autre à Laun. En attendant, il faut encore traverser l'Erzgebirge. Vandamme, le 29, presse énergiquement sur la colonne d'Ostermann qui enfin quitte le poste de Nollendorf et se replie dans la vallée de Kulm. Sur le rapport du général russe, on lui mande de la part du roi de Prusse qu'il est de la plus haute importance qu'il tienne sa position, car l'armée est encore en train de défiler par les montagnes, mais qu'on lui enverra du secours. Vandamme, avide d'atteindre Tœplitz, débouche vers midi dans la vallée de Kulm où il trouve les Russes dans une position à Pristen. Quoiqu'il n'ait sous la main que son avant-garde, une brigade, il attaque et déloge l'arrière-garde russe de Kulm et de Straden, mais, allant au delà, il se trouve être trop faible. Au fur et à mesure que ses renforts arrivent, il renouvelle ses tentatives contre la position de Pristen, enfin un dernier effort est repoussé par une charge heureuse de cavalerie. Là-dessus Vandamme renonce au combat.

Le soir, Schwarzenberg lui-même arrive sur le terrain et prend la résolution d'attaquer le lendemain Vandamme. Outre les renforts russes qui, vers la fin de l'engagement, sont déjà arrivés, on fera concourir à la décision deux divisions autrichiennes arrivant de Dux et Kleist, qui viendra par Graupen. Toute l'action se fera sous la direction suprême de Barclay auquel Schwarzenberg a cédé le commandement sur ce champ de bataille comme il le cédera

encore en 1814 à Blücher à La Rothière. Cette abné-
gation, qui devait calmer l'amour-propre de Barclay
blessé en ce qu'il n'avait pas été choisi comme chef
de l'armée principale, était certainement méritoire,
et le mérite, pour être indirect, n'en est pas moins
réel, seulement la logique impitoyable des choses veut
que celui qui a si peu l'ambition de la gloire d'un
vainqueur ne sera pas cité par la postérité parmi
les grands capitaines.

Les fractions de l'armée alliée étaient le soir de
ce jour: les Prussiens à Fürstenwalde, Wittgenstein
à Altenberg, les Autrichiens à Dux, Sayda et Gross-
Walthersdorf.

Les corps français étaient: Mortier à Pirna, Murat à Lichtenberg, Marmont à Falkenhayn et Saint-
Cyr à Reinhardtsgrimma. Vandamme, qui s'est établi
à Kulm, la droite appuyée à l'Erzgebirge, la gauche
aux hauteurs de Striesowitz, veut y tenir le 30 jusqu'à ce que des renforts de l'armée lui arrivent, puis
il passera à l'offensive.

Le 30 août, à 8 heures du matin, les Alliés engagent le combat contre la position de Vandamme.
Barclay a donné un ordre selon lequel il veut tourner la gauche ennemie avec les Autrichiens et attaquer de front avec les Russes. Ainsi les Autrichiens
avancent sur les hauteurs de Striesowitz, repoussent
l'ennemi et s'emparent de Deutsch-Neudœrfel et de
la Tuilerie. Sur la droite des Français il y a un
combat opiniâtre, car Vandamme y a essayé d'avancer
de son côté, enfin il est comprimé entre Kulm et les
montagnes.

En ce moment, vers midi, on voit apparaître dans
le dos de Vandamme à Vorder-Tellnitz, débouché d'une

des gorges de l'Erzgebirge, une tête de colonne. Le maréchal français ne doute pas que ce ne soit Mortier attendu avec anxiété. Il s'élance à sa rencontre pour presser le pas de ces braves, mais alors il reconnaît avec stupeur que cette troupe, qui défile sur sa seule ligne de retraite, ce sont des Prussiens. C'était Kleist. Alors on ne peut plus penser ni à la victoire, ni même à la résistance, il faut sacrifier une partie du corps pour pouvoir avec le reste se frayer un chemin à travers les Prussiens, jusqu'alors peu nombreux. Par conséquent Vandamme, promptement résolu, se décide à laisser tonner son artillerie le plus longtemps possible contre les Russes, la couvrant par une brigade: avec le reste de l'infanterie il veut passer sur le corps des Prussiens. La trouée faite, la brigade avec les artilleurs et les attelages suivra, abandonnant à l'ennemi les pièces. D'abord on remporte des avantages sur les Prussiens, mais ceux-ci se renforcent de plus en plus et en même temps les Russes, qui ont reçu l'ordre d'activer l'attaque lorsqu'on s'est aperçu de l'arrivée de Kleist, font céder les Français. Ceux-ci se retirent à Arbesau qu'ils cherchent encore à défendre, mais le village est pris par les Autrichiens et, puisqu'en même temps les Russes pénètrent entre Kulm et les montagnes, tandis que le village de Kulm est enlevé par les Autrichiens, la défaite du 1er corps est complète, il n'y a que des débris qui rentrent en Saxe, ;

Voici la situation, le soir du 30 août: Les troupes qui ont combattu campent sur le champ de bataille à l'exception des Autrichiens qui retournent à Dux, les réserves sont près de Tœplitz, Wittgenstein à Eichwald, son arrière-garde pendant la journée avait été en contact avec Marmont, le reste des Autrichiens sur différents points de l'Erzgebirge, l'extrême gauche, Klenau, à Marienberg.

Du côté des Français, nous voyons Murat à Zetha, Marmont à Altenberg, son avant-garde à Zinnwald, Saint-Cyr à Liebenau et Lauenstein, Mortier d'abord s'est avancé à Berggiesshübel où il apprend le sort de Vandamme, sur quoi il retourne à Pirna.

Le lendemain 31, les Alliés en général restent sur place et ne font que rassembler leurs corps et reformer les cadres. Les corps français font les mouvements suivants: Mortier avance sur Hellendorf, Murat atteint Sayda, Marmont Zinnwald, Saint-Cyr se déplace à Dittersdorf.

Le récit des opérations pendant les derniers jours d'août en est la critique. Les Alliés, battus sans réplique à Dresde, doivent se retirer, ils ont dans leur dos les gorges de l'Erzgebirge dont les chemins, peu praticables par un temps ordinaire, sont détrempés par les averses du 27. Quelle situation plus favorable pour une poursuite à toute haleine peut-on imaginer, quels résultats une telle poursuite ne doit-elle pas donner!

Et qu'arrive-t-il? L'armée en retraite non seulement traverse la montagne, descend dans les champs de la Bohême sans encombre, mais trouve même l'occasion de tomber sur le seul corps ennemi qui a poussé au loin sa poursuite et de l'anéantir. C'est que dans toute la poursuite il n'y a eu ni énergie, ni ensemble. C'est une période éclairant d'un jour cruel les lieutenants de Napoléon que ces quelques journées où l'Empereur, n'accompagnant pas son armée, s'est tenu à Dresde. Était-ce la jalousie qui les empêchait de s'entr'aider, était-ce le manque de coup d'œil militaire ou d'énergie: quoiqu'il en soit, la preuve est fournie que tout ce qu'ils ont acquis de gloire militaire, ils ne le doivent qu'au seul Napoléon, dès qu'il n'est plus là, leur stratégie devient pitoyable. L'étroite dépendance des idées de l'Empereur, dans laquelle ils avaient grandi, leur avait permis de devenir de bons tacticiens, mais les avait privés de la faculté d'engendrer eux-mêmes de grandes combinaisons stratégiques. Ils savaient obéir, non agir.

Et ces mêmes journées en avaient donné des preuves marquantes encore sur d'autres champs de bataille. A Grossbeeren comme sur la Katzbach, ni Oudinot, ni Macdonald, n'avaient été à la hauteur de leur tâche.

Les maréchaux eux-mêmes sentaient cela. Ainsi Marmont désapprouve que l'Empereur, au commencement de la campagne, désigne deux armées indépendantes pour opérer l'une sur Berlin, l'autre en Silésie, car il ne croit pas qu'on pourra leur donner des chefs aptes à une telle tâche. Il écrit prophétiquement: «Je crains bien que, le jour où Votre Majesté aura remporté une victoire et cru gagner une bataille décisive, elle n'apprenne qu'elle en a perdu deux.[1]» Il faut que, sous ce point, il y ait eu un vice radical dans l'armée napoléonienne en ce qui concerne l'éducation militaire des chefs. Si en 1870/71 on a tant de fois vu former des armées à part dans la grande masse des forces allemandes, si ces armées, sous différents généraux, se sont toujours bien ac-

---

[1] Bunzlau, 15 août.

quittées de leur tâche, alors on s'étonne que la même expérience ait toujours mal tourné pour Napoléon. Avec les masses d'aujourd'hui, il n'y aura plus la possibilité de tout soumettre à un commandement unique et direct, il faudra toujours laisser une large part de liberté et de responsabilité à des chefs de second ordre, partant, il faut avoir en temps de paix un système d'éducation militaire qui nous engendre de tels chefs, et sous ce rapport c'est l'armée prussienne qui paraît être à la tête du mouvement.

CHAPITRE V.

Après le départ de l'Empereur, Macdonald reste, le 24 août, sur place. Il avait eu d'abord l'intention de poursuivre l'offensive sur Jauer, mais des erreurs dans la transmission des ordres ont fait que le 3ᵐᵉ corps d'armée s'est mis sur les pas de son chef, Ney, que l'Empereur a emmené sur Dresde. Il faut donc d'abord faire rebrousser chemin à Souham qui a le commandement de ce corps. Blücher a mis à profit cette journée pour s'établir en avant de Striegau, il veut être à même de reprendre l'offensive dès que l'ennemi se mettra sur la défensive. Ainsi, pour éclairer la situation, il pousse le 25 de fortes reconnaissances contre la Katzbach, et le résultat en est que, l'après-midi, on met l'armée en marche pour attaquer les Français, c'est-à-dire pour les poursuivre, si on les trouvait déjà en retraite; le soir Yorck est à Jauer, Sacken à droite à Mahlitsch, Langeron en avant à Hennersdorf. On sait l'ennemi en arrière de Goldberg et de Liegnitz.

Ceci en général était vrai, car Macdonald avait Souham à Rothkirch tenant occupé Liegnitz, Lauriston à Goldberg et Gérard à gauche en arrière de cette ville, somme toute cela fait 80,000 hommes. Mais loin de vouloir se restreindre à la défensive, et moins encore battre en retraite, Macdonald a l'intention lui aussi d'attaquer son adversaire, et ainsi, le lendemain, les deux armées inévitablement se heurteront sur la Katzbach.

Depuis le 24, une pluie incessante tombait, mais dans la nuit du 25 au 26 l'eau commence à tomber à verse, les petits torrents qui viennent des Montagnes des Géants débordent, les chemins deviennent des fondrières. Cette circonstance devait encore ajouter sérieusement aux difficultés qu'il y a toujours à passer un fleuve, et celui des deux lutteurs qui aurait à effectuer cette manœuvre sous le canon de l'autre trouverait sa tâche bien pénible.

Le 26 au matin Blücher avait mis en marche ses corps, dirigeant Sacken à droite sur Dohnau, Yorck au centre sur Kroitsch, Langeron à gauche sur Goldberg. Avant-midi, on ne gagne pas encore d'autre idée sur les plans de l'ennemi et ainsi à onze heures on donne un ordre selon lequel on veut passer la Katzbach avec ses masses, amuser avec Langeron les forces que l'ennemi aura à Goldberg et envelopper ce qu'il a à Liegnitz en y faisant attaquer Sacken de front et en tournant la droite par Yorck dirigé sur Steudnitz. Mais immédiatement après l'expédition de cet ordre la situation s'éclaircit. Déjà les chefs de corps avaient vu leurs avant-postes refoulés et avaient reconnu qu'il ne s'agirait plus de passer la Katzbach. Sur les rapports positifs qui arrivent de ces événements à Blücher, celui-ci fait maintenant faire halte à l'armée. Ainsi, à midi, on a 70,000 hommes dans la ligne Eichholtz-Schlaupe-Hennersdorf, Yorck et Sacken sont à droite de la Wüthende Neisse, Langeron à gauche de ce torrent profondément encaissé.

Macdonald avait, dès le 24, détaché de ses 80,000 hommes la division Puthod du 5me corps pour tourner par Schœnau, le long des Montagnes, la gauche de Blücher.[1] Maintenant il débouche de la Katzbach dirigeant Lauriston par Goldberg sur Jauer, les deux autres corps passeront la Katzbach entre Liegnitz et Kroitsch, Gérard à droite et Souham à gauche, et iront de même sur Jauer; ils sont accompagnés de Sébastiani.

Par suite de l'exécution de cet ordre, l'état-major de Blücher remarque une colonne d'infanterie en marche de Nieder-Krayn sur Gross-Jänowitz, une forte cavalerie qui la précède a déjà gravi le plateau qui s'étend ici depuis le haut bord de la Wüthende Neisse jusqu'à Liegnitz. Alors on prend le parti de se jeter avec Yorck et Sacken sur tout ce qui montera sur ce plateau, Yorck longera le bord de la Wüthende Neisse, Sacken viendra par Eichholtz; Langeron en attendant se maintiendra dans sa très-forte position à l'aide de sa nombreuse artillerie.

Le canon de Sacken, promptement mis en position, arrête d'abord les progrès des Français, puis,

---

[1] Ce détachement lointain nous rappelle ce que l'Empereur écrivit à St.-Cyr de Bautzen le 17 août: «Toutes les troupes ennemies qui se livreront à des manœuvres trop éloignées seront hors du champ de bataille.»

à trois heures, l'infanterie de Yorck attaque celle de Gérard montée sur le plateau, tandis que Sacken en tourne la gauche avec la masse de sa cavalerie et la charge. Ces bataillons sont restés sans secours, leur flanc dans l'air, car Souham, qui accourt au bruit du canon, s'est embrouillé avec la colonne de Sébastiani, dont les escadrons n'arrivent pour cette raison qu'un à un, et n'a plus pu passer la Katzbach; ainsi les fantassins de Gérard sont accablés, culbutés dans les gouffres que forment ici la Katzbach et la Wüthende Neisse. Pendant ce temps Lauriston a marché sur Langeron qui, croyant que Blücher ne va pas accepter la bataille, l'ennemi étant offensif, décampe en renvoyant sur les derrières tout son gros canon. A la fin, une missive de Blücher réussit à lui faire faire halte, tandis qu'on dirige une brigade prussienne par Schlauphoff dans le flanc gauche de Lauriston. Ceci et l'échec de ses collègues sur la rive droite de la Wüthende Neisse, engage Lauriston à la retraite: cependant il tient Goldberg.

Dans la soirée, Blücher encore donne des ordres pour une poursuite immédiate et énergique. Dès le matin il avait écrit: «A la retraite de l'ennemi, j'attends que la cavalerie agisse avec audace, l'ennemi doit faire l'expérience qu'à la retraite il ne peut échapper sans dommages de nos mains.»[1] Et le principe qui le guidait se trouve exprimé dans une lettre du 28: «Ce n'est pas assez de *vaincre*, on doit savoir aussi exploiter la victoire. Si nous ne marchons pas sur le corps à l'ennemi, il s'arrête naturellement, et

---

[1] Brechtelshof. Matin, onze heures.

nous devons atteindre par une nouvelle bataille ce
que nous pouvons tirer de celle-ci, si nous agissons
avec énergie. »[1] Cependant ici les eaux grossies des
rivières rendaient bien difficile une prompte poursuite: il est vrai que cette circonstance, qui n'était
que gênante pour l'armée de Blücher, devint pernicieuse pour celle de Macdonald.

Le 27 août ce dernier est encore à Goldberg,
tandis que Souham et Sébastiani se retirent sur Bunzlau: une foule de fuyards s'abat déjà sur Lœwenberg. Ce jour, l'avant-garde de Langeron paraît
devant Goldberg, celle de Yorck arrive à Kroitsch, le
corps même ne réussit pas à passer la Katzbach.
Sacken occupe Liegnitz et pousse son avant-garde
sur Haynau. Le lendemain Souham et Sébastiani
arrivent à Bunzlau, Macdonald avec les deux autres
corps évacue le matin Goldberg et se retire pénible-
ment à Lœwenberg, où il peut encore passer le pont
du Bober, qui bientôt après est enlevé par les eaux
croissantes. Blücher fait continuer la poursuite sur
Bunzlau et Lœwenberg. Yorck atteint Seifersdorf,
son avant-garde et une brigade d'infanterie poussent
sur Bunzlau: on trouve sur la grande route de Liegnitz à Bunzlau l'avant-garde de Sacken près de
Thomaswaldau, son gros est à Haynau. Langeron
occupe Goldberg.

Le 29, Yorck reste sur la Schnelle Deichsel. Les
avant-gardes de ce général et de Sacken arrivent en
face de Bunzlau, où elles trouvent l'ennemi établi en
avant de la ville à Gnadenberg. La crue des eaux,
qui a enlevé le pont à Lœwenberg, devient ce jour là

---

[1] Lettre à Yorck. Eichholtz.

funeste à une division de l'armée française. La division Puthod a appris le 26 l'insuccès de Macdonald et s'est retirée à Schœnau, puis, le 27, à Hirschberg. Mais il lui est impossible de passer là, comme elle s'y était attendue, le Bober et doit en longer la rive droite; le 28 elle arrive à Zobten. Le 29 Langeron avance par Lauterseifen sur Lœwenberg, son avant-garde trouve à cette dernière ville Puthod qui essaie en vain de passer là le fleuve enflé. Les Russes font arriver des renforts, de sorte qu'il y a, outre l'avant-garde, la cavalerie de réserve et un corps d'infanterie; la division Puthod est cernée et, comme elle repousse l'offre de mettre bas les armes, tout son monde est ou tué, ou pris, ou noyé dans le Bober.

Le 30, les corps de Sacken et de Yorck sont concentrés sur Bunzlau, les Français évacuent la ville, sur quoi on s'empare du pont, non sans trouver de la résistance, et on le garde contre un retour offensif. Les troupes françaises tiennent le village de Tillendorf vis-à-vis de Bunzlau. Langeron est avec son gros à Lauterseifen, son avant-garde en face de Lœwenberg.

Le 31, à la pointe du jour, Macdonald abandonne la ligne du Bober et se met en retraite derrière la Queiss. Blücher passe le premier de ces fleuves à Bunzlau et à Lœwenberg, et il fait arriver Langeron en face de Lauban, Sacken et Yorck en face de Naumbourg. Le même jour il reçoit la nouvelle de la bataille de Dresde.

Les pertes que cette campagne d'une semaine avait fait éprouver à l'armée de Macdonald étaient énormes, tant en personnel qu'en matériel; il y avait désorganisation complète; telle était la masse des hommes, des canons et des équipages militaires que le vainqueur ramassa dans sa poursuite, que Blücher se crut en droit d'écrire à son roi, le 31 août, qu'il pouvait regarder l'armée de Macdonald comme presque anéantie. Cet échec, qui prit en quelques jours les proportions d'un véritable désastre, troublait désagréablement le calcul stratégique de Napoléon. La position centrale qu'il avait à Dresde était basée sur l'idée de porter des coups à droite et à gauche, mais de refuser une affaire décisive là où il ne serait ni de sa personne, ni avec sa masse, tout comme le plan des Alliés était de ne pas présenter la bataille à Napoléon lui-même, mais d'être offensif sur tous les autres points. Les Alliés avaient fait infraction à ce système par la bataille de Dresde et n'avaient pas tardé à s'en repentir, maintenant c'est Macdonald qui de son côté viole le grand principe régulateur des mouvements français.

La tâche que ce maréchal avait était éminemment défensive, car la petite offensive, qui était dans les intentions de Napoléon et qui devait refouler Blücher derrière Jauer, avait été exécutée le 23, comme nous l'avons vu déjà, sous les yeux mêmes de l'Empereur. Ainsi, après le départ de Marmont et des gardes, Macdonald n'avait rien de mieux à faire que de prendre la position sur le Bober, que les conseils de son maître lui indiquaient, et d'y recevoir l'assaut de Blücher. Pourvu qu'on ne fût pas refoulé, ce qui était peu vraisemblable, on avait fait tout ce que le plan général de l'Empereur demandait. Blücher, forcé de passer la Katzbach et la Schnelle Deichsel, dont les eaux débordées eussent été un sérieux obstacle et une cause de ralentissement pour ses mouvements, Blücher aurait paru devant la position du Bober affaibli par une marche accablante, et alors aurait dû faire la manœuvre qui par l'offensive intempestive de Macdonald est devenue la part de ce dernier, à savoir, passer un fleuve grossi par les pluies sous les yeux de l'ennemi qui en occupe le bord; on peut présumer qu'elle lui aurait aussi mal réussi qu'à Macdonald et alors toute cette campagne se serait passée à l'inverse.

Mais, même si Macdonald ne voulait pas d'emblée abandonner tout le terrain jusqu'au Bober, il pouvait avec d'égales chances de succès rester sur la Katzbach, il n'avait qu'à se tenir tranquille sur le bord de ce fleuve, et alors la situation tactique aurait été la même que sur le Bober, Blücher étant toujours dans la nécessité d'exécuter un passage de fleuve difficile pour arriver à son adversaire: ses troupes seulement auraient été plus fraîches.

Mais ce qu'il ne fallait pas faire, c'était justement ce qu'on fit, déboucher de la Katzbach. Alors tous les avantages tactiques passaient du côté de l'ennemi, et celui-ci, il faut le reconnaître, sut en profiter avec promptitude et résolution. Le premier plan de Blücher, celui de passer la Katzbach et d'attaquer, comme il est exposé dans l'ordre du 26 à onze heures, était risqué, et on peut dire que, s'il eût été exécuté, on eût éprouvé un échec; le mouvement de Macdonald, qui en rendit inutile l'exécution, était une de ces bonnes fortunes qui se présentent à la guerre, et même plus souvent qu'on ne le pense, mais qu'il n'est donné qu'aux bons généraux de saisir et d'exploiter. Voilà ici le mérite de Blücher.[1]

Du reste la première idée d'offensive ne saurait être blâmée, bien qu'il semble qu'elle ait dû aboutir à un insuccès. On était persuadé que Napoléon avait quitté la Silésie et qu'on serait maintenant de force à lutter avec l'armée française, il importait alors de ne point permettre que cette armée fût mise à profit ailleurs, et ainsi il fallait marcher à l'ennemi à tous risques. C'est la seule chance de salut dans une opération sur lignes convergentes que l'offensive, coûte que coûte, des différentes colonnes, aussi longtemps que des masses supérieures de l'ennemi ne le défendent pas. Ainsi l'offensive de Blücher au delà de la Katzbach était judicieuse, bien que, au seul point de vue de la tactique, elle fût téméraire.

Et en confirmation du vieil adage que la fortune aide les courageux, nous voyons Blücher vaincre en août 1813 sur la Katzbach comme Steinmetz vaincra sur l'Aupa en juin 1866, attaquant lui aussi, malgré des chances tactiques faibles, parce que l'offensive était dans la logique du système stratégique adopté.

Si de tels exemples prouvent, et on pourrait facilement les multiplier, que ce qu'on est convenu d'appeler la fortune n'aide que celui qui en est digne, et si nous trouvons l'explication de ce fait en cela,

---

[1] Il a suivi cette règle que nous donne Napoléon: «Profitez des faveurs de la fortune, lorsque ses caprices sont pour vous; craignez qu'elle ne change de dépit, elle est femme.» Précis des guerres du maréchal de Turenne.

que ce sont justement les grands généraux qui savent *utiliser* l'aide fortuite du sort, mais que les autres, aidés au fond eux aussi par des circonstances imprévues, laissent passer le bon moment et qu'ainsi l'aide de la fortune reste inaperçue, alors nous nous convainquons que le succès à la guerre, qui décide du sort des états, ne dépend pas de la fortune aveugle, mais de l'homme même qui est à la tête de l'armée et cette pensée nous élève. « Le malheur, dit Moreau, est dans l'inhabileté des combinaisons ; le général qui se fait toujours battre est à coup sûr un mauvais général »[1], et Napoléon: « Mes lieutenants devenaient mous, gauches, maladroits, *conséquemment malheureux.* »[2]

La poursuite engagée à la suite du combat sur la Katzbach, et qui donnait à cette rencontre son véritable prix, est un monument remarquable de l'esprit d'énergie qui régnait au quartier général de l'armée de Silésie. Ce fut cette poursuite qui, aux quelques milliers de prisonniers et à la trentaine de canons pris sur le champ de bataille, substitua les 18,000 prisonniers et les 103 canons dont parle l'ordre du jour du premier septembre. Il ne faut que ces chiffres pour nous enseigner à jamais l'effet d'une poursuite à toute haleine. A celui qui dans la tranquillité de son cabinet étudie le récit des batailles, rien ne semble plus facile que de poursuivre résolûment un adversaire qu'on a déjà battu. Cependant, l'histoire des guerres nous apprend que rien n'est plus rare à trouver qu'une bonne poursuite l'épée

---

[1] Berthezène, Souvenirs militaires.
[2] Las Cases, Mémorial de Ste-Hélène.

toujours dans les reins de l'ennemi, et qu'il n'y en a guère une sur dix victoires. C'est que dans le soldat il faut vaincre le sentiment de la fatigue, et, si l'ennemi battu sait bien encore courir au loin, bien qu'il soit au moins tout aussi fatigué, cela vient de ce que la crainte lui fait oublier la fatigue et de ce que dans une armée battue chacun individuellement a le sentiment qu'il faut inévitablement tendre ses dernières forces, tandis que le vainqueur involontairement croit avoir acquis par sa victoire le droit du repos.

Mais outre la fatigue du soldat, et peut-être au delà d'elle, le chef d'armée doit vaincre en lui-même ce que Müffling appelle la digestion de la joie sur la victoire. La joie légitime qui, après une grande victoire, s'empare de tous, et surtout de ceux qui ont le plus fait pour la remporter, fait croire facilement que tout est déjà fait. La grande tension de l'incertitude qu'on a supportée si longtemps faisant subitement place au bonheur certain, l'esprit veut en jouir et craint de s'imposer tout de suite un nouveau problème qui demande encore toute son énergie. Nous verrons en fonction cette digestion de la joie après Leipzig et on l'a vue de nos jours après Sadowa.

En cela, comme dans tant de choses, Napoléon avait été le grand maître. Si ses campagnes ont été tellement accablantes pour l'adversaire, c'est que, par une poursuite impitoyable, il empêchait toujours l'ennemi battu de reprendre haleine et en liant ainsi ses opérations immédiatement aux batailles, il donnait à la guerre une continuité ininterrompue[1] qui décuplait chaque succès. L'année 1870 nous montre aussi deux bons exemples d'opérations continuées à peine les batailles finies, ce sont le 19 août et le 2 septembre.

Il nous reste encore à parler de l'expédition contre Berlin dont l'Empereur avait chargé Oudinot. Ce maréchal, brave et judicieux, d'un caractère conciliant, se trouvait alors pour la première fois à la tête d'une armée. Pour un tel commandement, partout et toujours, il faudra un homme d'une forte trempe, mais il en fallait un surtout dans l'armée napoléonienne, où les jalousies entre les chefs de corps étaient très-vives, et où chacun croyait déroger à sa dignité s'il se soumettait à un autre qu'à l'Empereur. C'est pour cela qu' Oudinot avait essayé d'abord de décliner ce commandement, mais il n'y avait pas réussi.

Le 18 août, il a opéré la concentration de son armée de manière qu'il a son corps et Reynier près de Baruth, Arrighi en avant de Dahme et Bertrand à Golssen. Sa tâche maintenant était de pousser droit sur Berlin, de battre ce qu'il trouverait sur son chemin et d'entrer dans la capitale de la Prusse. Mais on savait que Bernadotte était en force de ce côté, pouvait-on donc compter en avoir raison? D'abord les idées que l'Empereur avait sur la force réelle de Bernadotte étaient très-vagues, puis il savait bien que son ancien maréchal ne se montrerait pas très-redoutable. «Pour celui-là, a dit l'Empereur, il ne fera que piaffer.» Enfin il avait d'une grande partie

---

[1] Il a dit lui-même de ses batailles qu' «elles n'étaient jamais qu'une partie de très-vastes combinaisons.» Las Cases, Mémorial de Ste-Hélène.

des soldats sous les ordres de Bernadotte une opinion très-défavorable, il les qualifiait de canaille et de nuée de mauvaises troupes, mépris qui cependant devait recevoir un sanglant démenti par les événements.

Quant au caractère du chef de l'armée du Nord, le calcul de Napoléon était juste, et, sans l'ardeur spontanée des généraux prussiens, le plan basé sur lui aurait eu son succès, mais le mépris de la qualité et l'insouciance de la quantité des ennemis à combattre montrent que l'exercice du pouvoir suprême, des succès inouïs et ininterrompus, avaient amené Napoléon à ne plus admettre qu'aucune force pût résister efficacement à sa volonté, et cela au point de fausser même son admirable coup d'œil militaire. [1]

Vis-à-vis des Français, Bernadotte rassemble tout son monde autour de Berlin. Les mouvements qui ont lieu du côté des Français l'engagent à pousser en avant, le 17 août, premier jour des hostilités, des reconnaissances pour vérifier les intentions de l'ennemi; on gagne par là la conviction qu'une offensive sur Berlin se prépare et que les forces ennemies se rassemblent à Baruth. Cependant Oudinot, dès le 19, change de direction. Voulant gagner la ligne Jüterbock-Berlin, pour pouvoir établir ses communications sur Wittenberg avant d'avancer contre Berlin, il dirige ce jour-là son corps et Arrighi à Luckenwalde, à leur droite Reynier sur Schœneweide et Schœne-

---

[1] En 1812, à Orcha, l'Empereur avait déjà dit lui-même «que le trop d'habitude des grands succès préparait souvent de grands revers.» Ségur.

feld, tandis que Bertrand se tient au nord de Baruth.

A cette occasion, nous ne pouvons supprimer un léger étonnement de ce que l'Empereur, en confiant à Oudinot le commandement de cette expédition, lui ait laissé en même temps celui de son propre corps d'armée, combinaison qui n'est pas de nature à faciliter des fonctions déjà suffisamment difficiles, mais qu'on retrouve encore en 1870 lorsque le 4 août on formait les armées de Mac-Mahon et de Bazaine.

Bernadotte a connaissance d'un mouvement en avant des Français, mais les rapports ne font pas encore croire à un tel mouvement avec toute la masse. Le même jour, 19, Davout, qui s'est avancé le 17 et qui a eu près de Lauenbourg de petits combats, passe la Stecknitz. Ses opérations ont été renvoyées à la fin de tout notre récit, car elles n'ont aucune influence directe sur ce qui se passe ailleurs. Le 20, Oudinot reste sur place et l'armée du Nord ce jour-là est informée de sa position.

L'armée française était maintenant devant la tâche de traverser les marécages que forment au sud de Berlin les ruisseaux de la Nuthe et de la Notte, ce qui naturellement ne pourra se faire que par quelques défilés. Ainsi Oudinot, laissant les Bavarois — du douzième corps —, les Wurtembergeois — du quatrième corps — et une division de cavalerie, ensemble 12,000 hommes, à la garde de Luckenwalde et de Baruth, dirige son propre corps sur Trebbin, celui de Reynier sur Nunsdorf et Bertrand sur Schuenow, de sorte que ce dernier laissera à sa droite les bas-fonds de la Notte. En outre le général Girard, fort à peu près de 10,000 hommes, débouche de Magdebourg le même jour,

21 août, au lever du soleil et, prenant la route de Brandenbourg, repousse le corps de blocus jusqu'à Bourg. Le même jour Bernadotte appuye à droite avec son armée, de sorte qu'il a: les Suédois à Potsdam, les Russes à Beelitz, Bülow à Saarmund et Tauentzien à Tempelhof. Cependant deux divisions de Bülow se tiennent en avant de cette position aux défilés mentionnés ci-dessus, ce sont Thümen à Thyrow et Borstell à Mittenwalde, les avant-postes de la première de ces divisions sont délogés de Trebbin et de Nunsdorf par Oudinot, dont les corps arrivent aux localités prescrites.

L'apparition de toutes les forces de ce maréchal devant le canal de la Nuthe avait d'abord inspiré à Bernadotte l'idée de lui livrer bataille, et par conséquent il ordonne à Tauentzien d'avancer à Klein-Beeren, à Bülow d'être à trois heures du matin en bataille près de Saarmund où les Suédois seront de même entre 5 et 6 heures, Wintzingerode doit aussi s'approcher de Saarmund. Et de fait on ne pouvait faire rien de mieux que de rassembler là tout ce qu'on avait sous la main, c'est-à-dire 100,000 hommes, Oudinot ne pouvait pas disposer de plus de 70,000. S'il poursuivait le lendemain son mouvement en avant, il perdrait d'abord du monde aux passages du canal de la Nuthe, défendus par Thümen, puis, s'il passait outre, Bernadotte serait en état de lui tomber de sa position de Saarmund avec ses troupes fraîches dans le flanc gauche et le prendrait ainsi en flagrant délit, acculé aux marais de la Nuthe. La situation était tout à l'avantage du chef de l'armée du Nord.

Cependant la résolution de donner bataille, si toutefois elle a existé sérieusement, s'évanouit promptement, et en face de ce fait on doit donner raison au général prussien Krusemarck qui écrit plus tard au sujet de Bernadotte: « Le prince royal change à chaque heure du jour de couleur et de propos, et on comprend aussi peu sa manière de penser que ses opérations militaires. »[1] Ici il substitue à son premier plan celui de repasser la Sprée à Charlottenbourg et de livrer ainsi Berlin à Oudinot. Voilà le moment qui justifie pleinement Napoléon.

Mais lorsque le matin du 22 il expose à Philippsthal son intention aux généraux rassemblés, en la basant sur la faible qualité de ses troupes, Bülow lui déclare qu'il ne le suivra pas au delà de la Sprée, mais se battra en avant de Berlin. Bernadotte, voyant qu'il n'en démordra pas et voulant éviter une rupture, prend un moyen terme en dirigeant les Russes à Gütergotz, les Suédois à Ruhlsdorf et Bülow à Heinersdorf.

Le matin du même jour Oudinot a reconnu la position de Thyrow qu'il trouve de front très-forte et ainsi, après une conférence avec les autres chefs de corps à Nunsdorf, il ordonne au 12me corps de s'emparer de Wilmersdorf et de tourner la position de Thyrow, à Arrighi de le suivre, Reynier s'emparera de Wittstock et Bertrand de Jühnsdorf. Le soir, après une résistance assez énergique, on s'est ouvert tous ces défilés; Thümen, qui avait défendu la position, se retire par Damsdorf à Gross-Beeren, où il arrive à minuit et où il reçoit le matin l'ordre d'aller rejoindre son corps d'armée à Heinersdorf. A Jühnsdorf, on est venu en contact avec Tauentzien

---

[1] Lettre à Tauentzien. Zerbst, 3 octobre.

qui, au lieu d'aller à Klein-Beeren, s'est avancé à Blankenfelde.

Pour le lendemain, Oudinot ordonne que Bertrand avancera contre Blankenfelde, Reynier par Gross-Beeren et le 12me corps par Ahrensdorf et Sputendorf. Ainsi le 23 Bertrand se met en marche, mais trouve à Blankenfelde, occupé par Tauentzien, une résistance assez vive pour le faire renoncer à sa marche en avant; il attend les progrès du 7me corps à sa gauche avant d'aller plus loin. Ce corps, à deux heures, s'est ébranlé de Wittstock et vers quatre heures débouche contre Gross-Beeren dont il déloge les avant-postes ennemis, puis Reynier, qui croit la journée finie, veut s'établir pour la nuit en avant de la forêt de Gross-Beeren; il a là environ 20.000 hommes avec 70 bouches à feu.

Bernadotte, fidèle à sa stratégie pusillanime, veut se replier entièrement sur les murs de Berlin, mais Bülow entrave ces plans en passant à l'attaque, quoiqu'il sût qu'en aucun cas il ne serait soutenu par son chef. Il a maintenant de nouveau réuni tout son corps d'armée, car il a fait arriver aussi Borstell de Mittenwalde. Ainsi à six heures du soir il ouvre le combat par une canonnade contre Reynier, tout à fait surpris par cette brusque attaque; l'artillerie prussienne supérieure fait bientôt taire le canon ennemi, l'infanterie avance alors sur la position de Gross-Beeren, une division se dirigeant par Klein-Beeren dans la droite ennemie. Gross-Beeren est pris d'assaut et Reynier refoulé dans la forêt. Un renfort envoyé par Oudinot d'Ahrensdorf n'arrive plus à temps et ainsi l'issue définitivement malheureuse du combat engage à leur tour les deux autres corps à la retraite pendant la nuit. Le matin, le 12me corps se retrouve à Trebbin, le 4me à Saalow. L'armée, surtout le corps de Reynier, est assez démoralisée. Le même jour Davout, qui s'est avancé par Wittenberg, est entré à Schwerin; Girard est à une marche de Brandenbourg.

Les jours suivants Oudinot se retire et Bernadotte suit ses traces sans cependant trop se presser; il dirige pendant ce mouvement Tauentzien dans le flanc droit des Français et ainsi nous trouvons le 26 Oudinot à Markendorf, tenant occupé Jüterbock; l'armée du Nord est avec Bülow à Trebbin, les Russes à Beelitz, les Suédois à Saarmund; Tauentzien a atteint Baruth. Ainsi Oudinot, n'ayant pas été poursuivi à fond, a trouvé le loisir de prendre la direction de Wittenberg, tandis qu'il avait eu d'abord celle de Dahme.

Pendant ce temps, le général Girard, que nous avons vu déboucher le 21 de Magdebourg, après avoir appris la mésaventure arrivée à Oudinot, a dévié de la route de Brandenbourg à Berlin et s'est porté sur Beltzig; le 26 il arrive à Lübnitz. Cependant les troupes qu'on avait envoyées le 24 à sa rencontre ont profité de ce mouvement latéral pour le tourner par Gœrzke, et le 27 elles apparaissent dans son dos et le surprennent complétement par leur attaque; il est refoulé sur Klein-Glien, de là il repousse les bataillons isolés qui veulent le forcer dans cette position, mais ceux-ci se rétablissent et le culbutent en réunissant leurs efforts. Les cosaques poursuivent vivement et les pertes de Girard sont énormes, on peut dire que sa division est anéantie.

Les deux armées principales continuent l'une son

mouvement rétrograde, l'autre ses lents progrès, et ainsi nous voyons à la date du 3 septembre Oudinot entre Thiessen et Euper presque sous le canon de Wittenberg et de l'autre côté Bernadotte avec Bülow à Marzahne, avec les Russes et les Suédois en avant de Niemeck; Tauentzien est sur la gauche à Oehna.

Cette campagne de Gross-Beeren confirme ce que nous croyons avoir déjà prouvé par le récit de celle de la Katzbach, à savoir, que le caractère énergique, qui profite sans hésitation de toute chance qui se présente fait plus pour la réussite des combinaisons stratégiques que la justesse théorique de ces mêmes combinaisons. D'abord la situation était telle que, si les deux chefs, Bernadotte et Oudinot, se montraient également actifs et entreprenants, le premier, qui était bien supérieur en nombre, devait l'emporter. Mais, puisque pour des raisons politiques connues on ne pouvait pas attendre une conduite très-énergique du chef de l'armée du Nord, Oudinot maintenant était d'autant plus en mesure d'adopter l'offensive, que, plus cette offensive serait audacieuse, plus elle fournirait à son adversaire le prétexte d'une retraite absolument dans ses vœux. Cependant le maréchal français n'avance que lentement et avec précaution, et ainsi les choses sont remises au niveau, lorsque la résolution audacieuse et l'exécution énergique d'un chef en sous-ordre fait pencher la balance du côté des Alliés. Si des deux côtés on ne fait à peu près rien, c'est bien pour celui qui, quel qu'il soit d'ailleurs, agit le premier que, neuf fois sur dix, le succès se déclarera; l'initiative à la guerre est la source des succès.

Quant à l'exploitation de l'avantage obtenu, un

coup d'œil sur la carte nous apprend qu'elle eût dû donner des résultats énormes, mais qu'en réalité elle était pitoyable. Cependant, puisque dans tous ses mouvements Bernadotte ne fut nullement guidé par des considérants militaires, il serait oiseux de vouloir y appliquer une critique basée sur eux. Remarquons seulement que le général Pelet dit: «Jamais on ne vit des vainqueurs si peu actifs.»[1]

---

[1] Spectateur militaire. 1826.

CHAPITRE VI.

L'Empereur juge sa situation. — Il se tourne de nouveau
contre Blücher. — Retourné à Dresde, il tient en échec Schwarzenberg. — Deuxième offensive contre Berlin. — Bataille de
Dennewitz. — Blücher avance de nouveau. — Troisième offensive de Napoléon contre Blücher. — L'Empereur retourne à
Dresde.

Après le récit des événements qui rejetèrent les
armes françaises sur l'Elbe et derrière la Queiss,
nous nous demandons quel était le jugement que
l'Empereur portait sur sa situation et comment il
comptait poursuivre la guerre. Nous avons pour
nous instruire sur ces questions un document précieux qui nous révèle toute la pensée de l'Empereur,
c'est la «Note sur la situation générale de mes affaires» en date de Dresde. 30 août. Il y dit:

«Je suppose l'armée de Silésie ralliée derrière le
Bober; il n'y aurait même pas d'inconvénient qu'elle
se mît derrière la Queiss.

«Si je voulais faire venir le prince Poniatowski à
l'armée de Berlin. le débouché de Zittau ne serait
plus gardé. Il pourrait cependant arriver à Kalau
en quatre jours: alors il serait indispensable que

l'armée de Silésie s'appuyât sur Gœrlitz et même en avant de Bautzen. Pourvu qu'un corps occupât Hoyerswerda, mon opération de Berlin ne serait pas compromise.

«Renonçant à l'expédition de Bohême afin de prendre Berlin et de ravitailler Stettin et Küstrin, le maréchal St-Cyr et le général Vandamme prendraient position, la gauche à l'Elbe, le duc de Raguse formerait le centre, le duc de Bellune la droite; le roi de Naples pourrait commander ces quatre corps et s'établir à Dresde avec Latour-Maubourg: ce serait une belle armée. Il serait possible, dans des positions connues, de se couvrir de quelques redoutes. Cette armée serait menaçante, n'aurait aucun danger à courir, et elle pourrait se replier sur Dresde, dans le temps que j'y arriverais de Luckau.

«L'armée de Silésie pourrait s'appuyer sur Naumbourg, sa gauche à Weissenberg, et occuper Bautzen et Hoyerswerda.

«Mes deux armées seraient alors sur la défensive, couvrant Dresde, sur l'une et l'autre rive, dans le temps que j'opérerais sur Berlin et porterais le théâtre de la guerre sur le bas de l'Oder.»

Puis il oppose à ce plan celui d'aller sur Prague, mais il trouve qu'il ne vaut pas celui d'aller sur Berlin. Enfin il conclut:

«1° Projet de Prague. — Il faut m'y porter de ma personne, y mettre le 2me, le 6me, le 14me et le 1er corps, la cavalerie Latour-Maubourg; il faudrait le prince d'Eckmühl devant Hambourg, les trois corps d'Oudinot sur Wittenberg et Magdebourg, l'armée de Silésie sous Bautzen. Dans cette situation, je suis sur la défensive: l'offensive est à l'ennemi; je ne menace rien; il serait absurde de dire que je menace Vienne; l'ennemi peut masquer l'armée de Silésie, faire déboucher des corps par Zittau, m'attaquer à Prague, ou bien, masquant l'armée de Silésie, il détachera sur le bas Elbe, ira sur le Weser, tandis que je serai à Prague; il ne me restera qu'à gagner le Rhin en toute hâte. Le général qui commandera à Bautzen ne conviendra pas que l'ennemi s'est affaibli devant lui, et mon armée sur Hambourg et Magdebourg sera tout à fait hors de ma main.

«2me Hypothèse. — Maintenant le 1er corps, le 14me, le 2me, le 6me et Latour-Maubourg resteront tranquilles autour de Dresde, sans craindre les cosaques; le corps d'Augereau s'approchera sur Bamberg et Hof, l'armée de Silésie sur la Queiss, ou le Bober et Bautzen: point d'inquiétude encore pour mes communications; mes deux armées de Hambourg et de Reggio seront sur Berlin et Stettin.»

Ainsi c'est ce dernier plan auquel l'Empereur s'arrête définitivement.

Ici ce n'est pas sans un certain sentiment de timidité que nous entamons la tâche d'exposer notre manière d'envisager la situation, car elle diffère absolument de celle de Napoléon. Nous sommes convaincus que, ce qu'il y avait de mieux à faire dans sa situation, c'était de tomber avec le plus de monde possible sur l'armée de Bohême. C'était elle qui formait l'âme de toute la coalition; toute décision à laquelle on amènerait le quartier général des monarques alliés devait imprimer la direction générale à toute la guerre; un coup décisif porté contre ce nœud des armées réunies pouvait facilement mettre à nu les intérêts divergents des nations coalisées. Et, vu l'incontestable supériorité tactique de l'Empereur, une bataille pouvait d'avance être comptée comme une victoire.

Il est vrai que Blücher pouvait alors marcher en Bohême pour renforcer la grande armée, soit que l'Empereur pour cette expédition attirât à lui Macdonald, soit que Blücher réussît à masquer ce maréchal par un rideau de troupes. Mais d'abord Blücher, allant par Reichenberg sur Prague, avait une ligne plus longue à parcourir que Macdonald allant par Zittau se joindre aux environs de Leitmeritz à Napoléon et ainsi, si l'Empereur agissait avec sa rapidité accoutumée, il pouvait, ayant en tout cela l'initiative des mouvements, avoir porté le grand coup en Bohême avant que Blücher n'y fût arrivé pour rétablir l'équilibre. Du reste Blücher, le plus entreprenant des adversaires de Napoléon, était beaucup plus à craindre en Silésie sur son théâtre de guerre à lui qu'entraîné en Bohême dans l'orbite des opérations de la grande armée. Aussi lui-même ne voulait-il nullement y aller et les propositions que plus tard, comme nous le verrons encore, Schwarzenberg lui fit parvenir dans ce sens furent déclinées par lui.

Mais il est vrai que Blücher pouvait aussi prendre le parti de se jeter sur la droite et de se joindre sur l'Elbe à Bernadotte, et la probabilité d'une telle résolution est démontrée par la conduite ultérieure du général prussien qui exécutera justement ce mouvement. Alors, réunies, ces deux armées étaient à même de battre Oudinot, de passer l'Elbe et de faire ce que Napoléon dans sa note dit être le désir de l'ennemi, c'est-à-dire de porter la guerre entre l'Elbe et le Rhin, contrée que l'Empereur lui-même désigne comme la partie la plus faible de ses états. Il faut reconnaître que ceci était un sérieux inconvénient, mais jusqu'alors l'Empereur avait dû ses plus brillants succès au principe grandiose de tout négliger autour de lui pour porter la masse de ses forces contre la principale armée ennemie, celle-là battue, on aviserait au reste, et ce reste, une fois la force combattante de l'adversaire détruite, échut toujours au vainqueur. Ici cela était d'autant plus probable que l'armée principale se composait de différentes nations, et la supposition d'une diversion énergique dans le dos des Français l'était d'autant moins qu'on connaissait bien la manière hésitante dont Bernadotte faisait sa campagne.

Mais, même en mettant les choses au pis, Napoléon en entrant en Bohême n'avait-il pas toujours la retraite libre en Bavière, sur l'armée d'Augereau, même après un échec, et alors Blücher et Bernadotte ayant passé l'Elbe pouvaient lui être indifférents. Il sacrifiait à la vérité par la marche en Bohême les places de l'Oder et en général une grande étendue de terrain, mais voilà justement de ces avantages secondaires qu'une grande victoire en Bohême lui donnerait par-dessus le marché.

Nous savons que l'Empereur a jugé autrement de la situation. Le dénouement de la coalition, que nous cherchons dans un grand coup à porter au quartier général des monarques mêmes, il voulait l'amener par l'occupation de la capitale des Prussiens et par une menace contre la frontière des Russes. Selon ce qu'on sait des idées et dispositions d'Alexandre et de Frédéric-Guillaume, il n'y a guère lieu de présumer un tel effet de cette entreprise même si elle eût réussi.

Lors du traité de Léoben, Napoléon a dit à un général autrichien: «Il y a en Europe beaucoup de bons généraux, mais ils voient trop de choses à la fois; moi, je n'en vois qu'une, ce sont les masses; je tâche de les détruire, bien sûr que les accessoires tomberont ensuite d'eux-mêmes.»[1] C'était une de ces sentences comme il lui arrivait d'en prononcer et où il savait si bien donner en quelques mots l'essence même de l'art, mais que pourtant il lui a fallu pratiquer pendant vingt ans, avant que ses adversaires eussent appris à en faire eux aussi l'application. Néanmoins ici, par cette entreprise contre Berlin, Napoléon se contredit lui-même; au lieu de l'anéantissement de l'armée principale de son adversaire, c'est l'occupation d'un point géographique important qui devient l'âme de toutes les opérations, et l'Empereur attend que cela impressionnera tellement la force armée principale qu'elle reculera. Cependant, même en admettant que cela fût arrivé ainsi, combien une telle manœuvre n'était-elle pas éloignée des coups décisifs et terribles d'Ulm et de Iéna.

En outre, du moment que Napoléon a adopté ce plan, il a perdu l'initiative des mouvements. C'est lui maintenant qui subit la loi de l'adversaire. Blücher avançant sur Bautzen l'appelle en Silésie, Schwarzenberg avançant sur Dresde le rappelle en Saxe.

Mais, dira-t-on, si vous croyez que le meilleur plan pour l'Empereur aurait été d'abandonner l'expédition sur Berlin et de se jeter sur l'armée de Schwarzenberg, pourquoi alors ne pas avoir conseillé

---

[1] Berthezène, Souvenirs militaires.

cela dès la réouverture de la campagne? C'est que maintenant tout est changé. Alors on pouvait encore espérer atteindre facilement Berlin, tandis que Schwarzenberg eût pu sans peine se soustraire à toute attaque. Maintenant on avait croisé le fer avec lui, on n'avait qu'à poursuivre et il n'aurait pu éviter la grande bataille que Napoléon désirait, tandis que du côté de Berlin on avait trouvé une résistance inattendue. Schwarzenberg est à portée, c'est une proie sûre, Berlin est devenu beaucoup moins vulnérable.

Cependant la nouvelle de la déconfiture de Vandamme, que l'Empereur reçoit le 31 août à deux heures du matin, puis ce qu'il apprend sur l'état des choses en Silésie le forcent à ajourner une expédition sur Berlin qu'il guiderait personnellement, car pour une telle expédition son calcul reposait sur la supposition que Murat, avec quatre corps, contiendrait Schwarzenberg au moins quinze jours et que Macdonald pourrait se maintenir à hauteur de Gœrlitz. Mais les progrès de Blücher ont déjà amené l'armée de ce général à une proximité menaçante de Dresde. «Le duc de Tarente, écrit l'Empereur le 1er septembre, est aujourd'hui sur Gœrlitz. S'il continue son mouvement rétrograde, il sera nécessaire que je marche pour rétablir les affaires; je ne dois pas le laisser dépasser Bautzen.»[1]

Le 2 septembre, il reçoit la nouvelle de la retraite d'Oudinot jusque sous les murs de Wittenberg. Il charge maintenant le maréchal Ney de l'expédition

---

[1] Lettre à Murat, de Dresde.

contre Berlin, qui tient toujours dans ses plans la première place, et lui confie pour ce but le commandement de l'armée jusqu'alors sous les ordres d'Oudinot. Lui-même veut se rendre avec un corps de troupes à Hoyerswerda, là il sera en mesure d'appuyer sur la droite ou sur la gauche, selon que Blücher se montrera trop entreprenant ou que Ney sera trop faible pour sa tâche. Les autres corps, qui en ce moment sont encore à l'Erzgebirge, en contact avec l'ennemi, reprendront la position centrale de Dresde, et ainsi, le 2 septembre, Marmont recule à Dippoldiswalde, Mortier est à Pirna, St-Cyr encore à Dittersdorf. Les restes du 1er corps, rejoints maintenant par la division Teste qui pendant les derniers temps avait opéré avec Victor, sont réorganisés à Berggiesshübel par le général comte de Lobau qui alors restera à la tête du 1er corps.

Cependant les ordres du 2 septembre, assignant comme rendez-vous Hoyerswerda aux gardes et à L'héritier, doivent être modifiés dès le 3, car les rapports de Macdonald font voir qu'il lui faut un prompt secours; il arrive ce jour-là à Bautzen. Ainsi l'Empereur dirige directement sur cette ville les gardes, Marmont et la cavalerie de Latour-Maubourg; tout doit y être rendu le 4. Dresde est gardé par Lobau, qui aura encore le commandement de la cavalerie de L'héritier, actuellement à Grossenhayn; St-Cyr se tient à Pirna, Victor à sa droite à Freyberg. Dans ces conditions l'Empereur passe la nuit du 3 au 4 à Harthau.

Pendant ce temps Blücher, après avoir accordé le 1er septembre une journée de repos à ses troupes, s'est remis en marche le 2 et a poursuivi son mouve-

ment vers l'Elbe par Gœrlitz, bien que ce jour-
là le prince W. Lichtenstein, envoyé par Schwarzenberg le matin du 30 août, arrive chez lui et lui
communique la proposition de renforcer de 50.000
hommes l'armée de Bohême. C'est par une diversion énergique droit sur Dresde que Blücher croit
mieux dégager Schwarzenberg qu'en le renforçant
directement, ce qui pour le temps de la marche aurait mis hors du jeu la partie respective de son
armée. Ainsi le 4 Blücher avance sur Bautzen. Mais
déjà à trois lieues de cette ville, à Hochkirch, son
avant-garde se voit arrêter par les Français qui à
leur tour se mettent résolûment à pousser leurs adversaires.

Ce changement de conduite et des rapports de
prisonniers éclairent Blücher sur l'arrivée de l'Empereur avec des renforts et par là sur la nécessité
d'éviter de nouveau la bataille qu'il avait recherchée
jusqu'à ce moment. Ainsi, suivi des Français, il repasse
la Neisse le 5, et la Queiss le 6 septembre. L'Empereur, qui voit avec dépit le jeu systématique de Blücher lui dérobant toute occasion d'un grand coup,
se reporte le soir du 5 à Bautzen, emmenant les
gardes et Marmont. Le matin du 6, il envoie Marmont prendre position à Hoyerswerda, où il arrivera le 8, L'héritier à Grossenhayn est mis à sa disposition; Latour-Maubourg est envoyé en toute hâte
à Dresde. Le soir du 6 septembre l'Empereur arrive de nouveau à Dresde.

Dès qu'il a quitté son armée en Silésie, les progrès en deviennent moins prononcés, circonstance qui
n'échappe point à la vigilance de Blücher. Celui-ci
résout donc de reprendre incontinent l'offensive. Il

en est empêché par Langeron qui, toujours soucieux d'éviter un engagement avec l'ennemi et d'entraver ce qu'il croit être de la part de Blücher une témérité irréfléchie, avait envoyé sur les derrières sa grosse artillerie, de sorte que Blücher est forcé de donner le 7 du repos à ses soldats, mais non sans écrire au général russe une lettre des plus sérieuses.

Du reste Napoléon n'avait pas seulement été engagé à retourner à Dresde par la prudence de Blücher ne lui donnant pas prise, mais plus encore par l'attitude subitement entreprenante de Schwarzenberg. Celui-ci, après le succès de Kulm, avait rassemblé son armée au versant sud de l'Erzgebirge dans la vallée de la Biela et n'avait pas l'intention d'en sortir avant l'arrivée de Benningsen. Ce général russe, qui commandait l'armée en Pologne forte de 50,000 hommes, devait arriver vers la fin de septembre.

Le 3 septembre, Schwarzenberg reçoit la nouvelle du départ de Napoléon sur Bautzen avec les gardes et de la cavalerie et, cela étant, il croit utile de faire une diversion dans le flanc droit de l'Empereur. Il a ce jour-là donné à l'armée autrichienne un nouvel ordre de bataille: à l'avenir il y aura, outre les deux divisions légères de M. Lichtenstein et de Bubna, quatre colonnes sous Colloredo, Merveldt, Gyulai et Klenau et une réserve sous le prince de Hesse.

Cependant dès le lendemain on croit être en droit de supposer à Napoléon toutes ses forces rassemblées sous Dresde, pour qu'il puisse assaillir selon les circonstances une des armées ennemies. Pour éclaircir la situation, on pousse le 5 Wittgenstein en reconnaissance contre Hellendorf, mais c'est seulement le lendemain, 6, que Schwarzenberg apprend par des ren-

seignements que la plus grande partie de l'armée ennemie s'est portée sur la rive droite de l'Elbe à la rencontre
de Blücher. Alors Schwarzenberg lui-même prend le
commandement de 50 à 60,000 Autrichiens pour tomber par Rumbourg dans le flanc droit de Napoléon,
tandis qu'il laisse le reste de l'armée à Barclay. Celui-ci restera en général dans ses positions, ses avant-
gardes seules feront une démonstration contre Dresde.
Mais, à peine Schwarzenberg a-t-il passé l'Elbe, qu'il
apprend, le 7 septembre, que Napoléon a rebroussé
chemin et se trouve de retour à Dresde, ainsi il arrête ses Autrichiens et se met en mesure de revenir
sur ses pas.

Le même jour Barclay a fait avancer ses avant-
gardes qui cependant sont repoussées le 8 par les
Français. Ce jour-là, c'était l'Empereur qui était
arrivé à la tête des colonnes françaises. Il prend le
soir son quartier général à Dohna. Ce qu'il sait de
l'ennemi, c'est qu'il «couronne les débouchés de la
Bohême»[1]; quant à son expédition principale, celle
sur Berlin, il présume que Ney «a dû se porter le
6 de Jüterbock sur Dahme»[1]; il est vrai «qu'on parle
confusément d'une affaire, qui aurait eu lieu»[1], mais
«on n'en a pas de détails»[1]. Ces détails, qui lui
révèlent tout l'insuccès de Dennewitz, le fils d'Arrighi,
arrivant le soir de ce même jour à Dohna, va les
lui apporter. L'Empereur est résolu de refouler les
corps ennemis en Bohême et ainsi le 9 septembre il
ordonne de rassembler les gardes, Victor et Lobau
près de Dohna. Puis il avance avec ces corps et,

---

[1] Lettre à Berthier. Dresde, 8 septembre, 3 heures du matin.

voyant les Alliés se replier devant lui, il s'établit le soir avec les gardes à Liebstadt tandis que Victor est à Altenberg, Lobau à Berggiesshübel, enfin St-Cyr à Breitenau. Mais une expédition sérieuse jusque dans la Bohême n'est plus dans les idées de l'Empereur, car le même jour encore il écrit à Berthier qu'il fasse rester sur la rive droite de l'Elbe le corps de Marmont, rappelé de Hoyerswerda et en marche sur Dresde.

Le 10 au matin sa situation est la suivante: Macdonald est en avant de Bautzen, Poniatowski à sa droite entre Neustadt et Bautzen, Marmont est arrivé sur l'Elbe, Ney se rallie à Torgau, puis L'héritier se tient à Grossenhayn et le général Margaron avec 8 à 10,000 hommes est à Leipzig pour couvrir les derrières. En présence de cette situation, l'Empereur se dit que, l'armée étant très-concentrée, il se portera sur les hautes montagnes qui dominent Tœplitz pour avoir des nouvelles précises de l'ennemi. Et le même jour il y porte ses corps avançant sur Peterswalde et sur Ebersdorf, mais du haut du Geyersberg, où il arrive à onze heures du matin, il juge qu'une descente dans la vallée de Tœplitz en vue de Schwarzenberg, qu'il voit là en train de se mettre en bataille, serait trop périlleuse. Du reste, il faut croire que, même dans de meilleures conditions, une telle descente n'aurait pas été dans ses plans, car le même jour il ordonne à Mortier, qui est à Pirna, de se tenir prêt à marcher sur Bautzen.

Le 11 septembre rien ne change dans les positions des deux adversaires, mais le 12 Napoléon commence à se replier en Saxe. Son attention s'était toujours portée principalement sur les autres zones du champ d'opération et ainsi son expédition sur la crête de l'Erzgebirge n'avait jamais dû être plus qu'un épouvantail. Ce jour-là il rentre avec sa vieille Garde à Dresde, Mortier avec la jeune Garde est à Cotta, Lobau à Nollendorf-Peterswalde, St-Cyr à Borne-Fuerstenwalde, Victor vers Sayda et Marienbourg, Marmont, qui est à peine arrivé sur l'Elbe, doit se rendre le 13 à Grossenhayn pour favoriser l'arrivée d'un grand convoi de farine allant de Torgau à Dresde, Murat s'y rendra de même avec la cavalerie de Latour-Maubourg et y prendra encore sous ses ordres L'héritier.

Pendant cette journée du 12, comme encore le lendemain 13, les Alliés en général ne bougent pas, cependant Wittgenstein prépare une expédition à travers les montagnes, car le 12 on a reçu la nouvelle de Dennewitz dont l'effet est très-encourageant. Le 13 on tient un conseil à Tœplitz où l'on décide que Barclay, ayant Wittgenstein et Kleist sous ses ordres, tiendra les débouchés en Bohême, pendant que Schwarzenberg ira par la gauche sur les communications de Napoléon. Le 14 Wittgenstein, marchant en trois colonnes sur Lobau, le refoule vivement sur Berggiesshübel. Cependant l'Empereur ne tarde pas à reconnaître que cette offensive n'est pas un mouvement sérieux de toute l'armée et le 15, vers deux heures de l'après-midi, il avance de son côté et refoule Wittgenstein derrière la montagne. Puis le 16, à onze heures du matin, il va au delà et repousse les Russes et les Prussiens jusque dans la position de Kulm; la nuit, il est avec les gardes à Peterswalde. Cette attaque fait que Schwarzenberg croit à une bataille, ainsi il ne laisse point exécuter aux Autrichiens le mouvement par la gauche, mais ordonne dans la nuit du 16 au 17 une concentration de l'armée sur Kulm, et le 17, lorsque les Français avancent à l'attaque, ils sont repoussés. Napoléon, la nuit, est à Peterswalde.

Des deux côtés à cette époque on ne veut pas provoquer une grande décision tactique en passant à l'offensive avec toute l'armée. Napoléon écrit le 16[1] qu'il veut jeter l'ennemi entièrement dans la plaine, puis il serait possible qu'il se portât sur Stolpen; Schwarzenberg au contraire croit toujours, et même encore le soir du 18, que les mouvements des Français annoncent une offensive générale en Bohême et ainsi il se concentre dans un but défensif, intention que Napoléon a devinée, car le 18 septembre à midi il écrit: «Je ne puis pas croire que l'ennemi attaque sérieusement; s'il prend les armes, c'est qu'il croit être attaqué.»[2] En attendant il «s'est arrêté au parti de s'en tenir au jeu de va-et-vient et d'attendre l'occasion;»[3] c'est aux défilés du côté nord de l'Erzgebirge qu'il veut tenir et il ne veut faire un nouveau mouvement à la rencontre de l'ennemi que si celui-ci faisait un mouvement général avec toute son armée, «mais il ne faut pas qu'il m'oblige à ce mouvement avec de simples divisions légères, comme cela vient d'avoir lieu.»[4] Ainsi le 18 il n'y a que des taquineries d'avant-postes; le soir, l'Empereur retourne à Pirna, suivi des gardes et ayant laissé à

---

[1] Lettre à Berthier, Pirna.   [2] Lettre à Lobau, Peterswalde.   [3] Lettre à St-Cyr, Peterswalde, 18 septembre.   [4] Lettre à Berthier, Peterswalde, 18 septembre, 5 heures du soir.

St-Cyr et à Lobau l'ordre de rentrer dans leurs positions de Borne et de Berggiesshübel.

Déjà la veille il a ordonné à Berthier d'envoyer un officier à Augereau avec un ordre en chiffres, pour qu'il se porte le plus tôt possible sur la Saale à Iéna; cet ordre doit être expédié par quadruplicata. Schwarzenberg de son côté décide qu'il donnera du repos à son armée en attendant l'arrivée des renforts amenés par Benningsen.

Ainsi l'Empereur avait exécuté son plan, il avait refoulé l'armée ennemie dans la plaine de Bohême sans engagement général, il couronnait maintenant les cols de l'Erzgebirge et attendait derrière que Schwarzenberg vînt l'attaquer, ce qu'il considérerait alors «comme une chose fort heureuse.» Mais, par son mouvement à travers l'Erzgebirge, l'Empereur de l'autre côté avait perdu un temps que Blücher n'a pas tardé à mettre à profit. Schwarzenberg de son côté avait de même atteint son but; par les incursions de Wittgenstein sur Pirna, il avait rappelé Napoléon de Silésie et dégagé ainsi Blücher, et lorsque la masse des Français se tournait contre lui, il avait tenu bon. Mais lui aussi n'avait pas réussi dans tous ses plans, les deux mouvements offensifs qu'il avait l'intention de faire avec ses Autrichiens, d'abord par la droite sur Rumbourg, puis par la gauche sur Leipzig, avortèrent par suite du mouvement de Napoléon contre l'armée en Bohême. Ainsi des deux côtés les résultats étaient plutôt négatifs et se contre-balançaient.

Mais pourtant, au point de vue des grandes opérations, c'est la situation de l'Empereur qui avait empiré. Celui qui avec des forces inférieures se trouve au milieu de colonnes ennemies convergentes, ne peut se sauver que par des coups d'audace successivement contre chacune de ces colonnes, s'il reste tranquille, il donne à ses adversaires le temps de bien se concerter entre eux et alors leur marche en avant sera simultanée, leurs forces agiront en commun. C'est à une telle situation que s'applique à merveille ce mot de Catherine la Grande: «A la guerre, si l'on ne bat pas, on est battu.»[1] Toute perte de temps dans une telle situation est nuisible à celui qui a le moins de forces, car il faut justement qu'il supplée à son manque de forces par une meilleure utilisation du temps, c'est-à-dire par la rapidité de ses mouvements. Napoléon lui-même, en 1796, en avait fourni un excellent exemple et en 1814 il répétera cette leçon.

La résolution de l'Empereur de rester en Saxe à l'affût des événements impliquait encore pour lui un désavantage spécial. Ce royaume, foulé depuis l'ouverture de la campagne par d'énormes masses, était alors épuisé en vivres, l'armée française commença à s'en ressentir cruellement, et cela à un degré que, quelques jours seulement après les événements racontés l'Empereur s'écrie: «L'armée n'est point nourrie. Ce serait une illusion que de voir autrement!»[2]

Un symptôme remarquable de la pénurie dans laquelle on se trouvait est le rôle que jouait à cette époque dans les réflexions de Napoléon un convoi de 15,000 quintaux de farine que de Torgau on at-

---

[1] Lettres de l'impératrice Catherine II à Grimm. [2] Lettre à Daru. Harthau, 23 septembre, 4 heures du matin.

tendait à Dresde. Autrefois la question des subsistances avait très-peu préoccupé l'Empereur; dans ses grandes invasions offensives l'armée arrivant toujours dans de nouveaux parages, trouvait toujours de quoi vivre, et c'est certainement encore là un grand avantage de l'offensive hardie sur le jeu défensif qui nous enchaîne sur place. Ici Napoléon place tout un corps, Marmont, et Murat avec les cavaleries Latour-Maubourg et L'héritier à Grossenhayn pour assurer l'arrivée du convoi de Torgau.

Ce que la situation de l'Empereur avait de précaire sous ce rapport ne restait nullement caché à ses adversaires. Dès le 10 septembre Gneisenau écrit de Radmeritz à son roi: «Quelque avantageuse que soit la situation stratégique de l'ennemi à Dresde, elle lui deviendra périlleuse s'il doit y rester quelque temps et s'épuiser en vivres. Il me semble que ce qu'il pourrait faire de mieux dans sa position actuelle, c'est de lancer rapidement sur la Saale l'armée qu'il a maintenant vis-à-vis du prince royal de Suède et par là de se rouvrir toutes les communications. Si cela n'arrive pas, alors, selon mon opinion, l'offensive contre les subsistances et la défensive contre les forces armées de l'ennemi mèneront le plus sûrement à un heureux résultat.»

Il est temps maintenant de faire le récit de la seconde expédition contre Berlin. Elle avait été confiée à Ney, comme nous le savons, et nous en avons déjà mentionné l'issue malheureuse comme ayant été rapportée le 8 septembre à l'Empereur.

Le maréchal Ney prend le 3 septembre le commandement des trois corps campés près de Wittenberg et s'apprête à les mettre en mouvement. Une lettre de l'Empereur datée de Dresde 2 septembre, lui prescrit d'aller sur Baruth, où il devra arriver le 6, pendant que les forces de Dresde se porteront sur Hoyerswerda, où Napoléon compte avoir son quartier général le 4; le 6, il y aura un corps à Luckau, et c'est là que se fera la jonction entre l'Empereur et Ney. En outre, on lui conseille d'opérer résolûment et on lui prédit que tout alors se repliera devant lui.

Le maréchal, l'une des plus brillantes renommées de la grande armée, avait été choisi par l'Empereur pour cette expédition à cause de sa vaillance connue, car Napoléon croyait voir la cause de l'échec arrivé à Oudinot dans un manque d'énergie de ce dernier. Cependant Marmont, en caractérisant Ney, nous révèle aussi ce qu'il y avait en lui de côtés faibles; il dit: «Le maréchal Ney, soldat brave et intrépide, homme de champ de bataille, n'entendait rien à la combinaison des mouvements. Son esprit s'effrayait de ce qu'il ne voyait pas. Jamais les calculs ne dirigeaient ses actions. C'était toujours chez lui le résultat de la sensation du moment et comme un effet de l'état de son sang.» Le récit de sa courte campagne fera voir combien cette appréciation était juste.

Le 5 septembre, Ney avance avec son armée pour aller au sud de Jüterbock sur Dahme, il a avec lui près de 70,000 hommes avec 180 bouches à feu; il déloge les Prussiens de Tauentzien du bourg de Zahna et est la nuit à Zahna, Seyda et Naundorf. Bernadotte, instruit de ce mouvement, ordonne le soir à dix heures: Wintzingerode et les Suédois se rassembleront à Lobbesen, Bülow se mettra en mesure de tomber dans le flanc gauche de l'ennemi s'il avançait sur Jüterbock, Tauentzien se rapprochera de Bülow pour le soutenir. Prévenant cet ordre, Bülow s'est déjà concentré dans la journée à Kurz-Lipsdorf.

Le 6 septembre à huit heures du matin, Ney s'ébranle pour conduire son armée par Dahme à Luckau; il dirige Reynier par Oehna sur Rohrbeck, Oudinot le suivra et Bertrand, laissant Jüterbock à gauche, prendra la tête de la marche sur Dahme. Du côté de l'adversaire Tauentzien, établi près de Jüterbock, se dirige à Kaltenborn pour se joindre là à Bülow qui s'est replié le matin sur Eckmannsdorf. Pendant ce mouvement de Tauentzien, Bertrand débouche vers dix heures de Dennewitz, franchit le ruisseau de l'Ahe et refoule son adversaire; Bülow, qui s'en aperçoit, se met en mouvement et, arrivé à midi à Nieder-Gœrsdorf, il donne dans la gauche de Bertrand. Alors Reynier, appelé sur le champ de bataille, se met en ligne à gauche de son collègue, sur la rive droite de l'Ahe, et soutient à Gœlsdorf un combat acharné contre Bülow. Des deux côtés il arrive encore des troupes fraîches. La dernière division de Bülow, qui se trouvait auprès de Bernadotte, accourt maintenant au bruit du canon, tandis que Bernadotte lui-même, avec les Russes et les Suédois, reste en bataille sur les hauteurs d'Eckmannsdorf où il est arrivé à deux heures; la division rallie son corps vers quatre heures. Presque en même temps Oudinot rejoint les corps français engagés et se place en arrière de Reynier. Mais Ney, occupé du combat de Bertrand, demande qu'Oudinot se rende au nord de l'Ahe pour soutenir ce dernier, et le chef du douzième corps, malgré la situation très-critique de Reynier, ne croit pas pouvoir désobéir. Il n'arrive plus à temps. Déjà Bertrand a été forcé de reculer sur Rohrbeck, Dennewitz est enlevé par les Prussiens et enfin leur artillerie supérieure fait de tels ravages dans les masses de Bertrand, entassées à Rohrbeck, que celui-ci doit abandonner la rive nord de l'Ahe. En même temps Bülow a refoulé Reynier. L'action est décidée et les masses françaises, comprimées sur un étroit espace par la pression sur la droite et sur la gauche, sont bientôt gagnées par le désordre; elles engagent la retraite qui ne tarde pas à dégénérer en fuite et dans laquelle Oudinot se voit envelopper. Les Prussiens poursuivent sur Oehna, ils poussent fortement et bientôt la déroute devient complète. Ney se dirige avec le corps de Bertrand à Dahme, voulant encore dévier sur Luckau, mais Reynier et Oudinot prennent la direction de Torgau pour mettre le plus vite possible en sûreté leur troupe très-ébranlée; ainsi, le 7, Ney se tourne de même de ce côté et le 8 septembre tout est rassemblé à Torgau.

Il est facile de voir que le manque d'ensemble dans les mouvements de Ney a été la cause première de son insuccès; il est en effet ce général qui n'entend rien à la combinaison des mouvements, dont nous parle Marmont. Ayant la tâche d'entreprendre une marche de flanc en présence d'un adversaire sensiblement plus fort que lui, il devait se tenir le plus loin possible de lui et avoir ses forces concentrées sous la main. Au lieu de cela, il s'étend en une colonne démesurément longue et lui donne une direction telle qu'un conflit avec l'ennemi près de Jüterbock était inévitable. Le corps de Reynier arrive à temps pour rétablir l'équilibre et celui d'Oudinot eût pu même décider la journée en faveur des Français, si on l'eût dirigé sur Gœlsdorf et Wœlmsdorf dans le flanc droit de Bülow, mais Ney, entraîné par le bouillonnement de son sang, s'était mêlé au combat de Bertrand, rôle qui ne convenait pas à un général en chef et qui lui fit perdre la vue d'ensemble sur la bataille. Oudinot paralysé par sa marche derrière la ligne de bataille française, la lutte des 40,000 Prussiens contre 70.000 Français perd ce qu'elle avait d'inégal, c'est la valeur et la ténacité individuelles qui décideront du résultat et dans ces conditions, les jeunes troupes impériales, ébranlées déjà par Gross-Beeren, dégoûtées de la guerre et conduites par des chefs en mauvaise intelligence et désillusionnés, succombent aux Prussiens, jeunes aussi sous le drapeau, mais combattant dans leur propre pays pour leur patrie, aux portes de leur capitale et sous des généraux pleins de la conviction d'une bonne issue. Ici comme sur la Katzbach il eût fallu la présence de l'Empereur pour donner aux Français la supériorité en mettant les ressources du génie de leur côté. Les maréchaux le sentaient bien: Que l'Empereur vienne, disait-on partout, et tout s'arrangera. Sous son œil exercé, les fautes n'auraient pas été commises et sa grande personnalité, électrisant les soldats, aurait suppléé à tout ce qui manquait de solidité à la troupe.

Et ceci est instructif encore sous un autre rapport. Nous voyons qu'ici des généraux braves et expérimentés, mais qui ne dépassent pas le niveau du talent ordinaire, sont fortement ébranlés par la conviction d'être à la tête d'une troupe de médiocre qualité militaire, et en 1870 71 nous avons vu en plus d'une occasion qu'une supériorité numérique triple et quadruple de masses armées contre une petite armée régulière ne suffisait pas pour avoir raison de cette dernière. Ces expériences sont dignes de toute notre attention aujourd'hui qu'il se manifeste partout une forte tendance à élever le plus possible le chiffre des armées, ce qui ne peut se faire sans y introduire plus ou moins d'éléments de solidité douteuse. Le plus remarquable exemple sous ce rapport est la nouvelle armée que la France s'est donnée. Si, en cas de guerre, cette armée trouve à sa tête un génie napoléonien capable de mouvoir ces masses, elle sera le plus terrible instrument de guerre imaginable; sous des talents d'envergure ordinaire, elle échouera par sa masse même; mais, puisque de tels génies sont rares, on dira que pour la plupart des cas une bonne armée, solide et manœuvrière, d'un chiffre restreint, vaudra mieux; elle suppléera au nombre par la rapidité de ses mouvements, et cette rapidité, vu ses soldats faits, lui coûtera moins de pertes qu'à la grande armée moins solide, car ce sont plutôt les fatigues des marches que les combats qui déciment promptement les jeunes armées et « la différence de troupe à troupe est immense.»[1] Ainsi il faut savoir résister à une augmentation numérique aux dépens de la solidité de l'armée.

Nous avons vu comment, après avoir cédé le terrain devant l'Empereur jusqu'à la Queiss, Blücher fait prendre du repos à ses troupes derrière cette rivière le 7 septembre. Mais le lendemain il avance de nouveau sur Gœrlitz, ville que Macdonald évacue le

---

[1] Napoléon, Précis des guerres de Frédéric II.

9 pour se replier sur Bautzen. Blücher, qui veut lui couper la retraite, échelonne son armée sur la gauche et continue ce mouvement lorsque des rapports lui font croire que les corps ennemis essaient de se rapprocher de la frontière de Bohême. C'était la marche de Poniatowski qui avait donné naissance à ce bruit, car des environs de Zittau il s'était replié à Neustadt pour toujours couvrir la droite de Macdonald. Ainsi, le 12, Blücher a: Yorck à Rumbourg, Langeron à Neu-Salza et Sacken à Bautzen; Macdonald est arrivé à Stolpen et Bischofswerda. Mais le 15 on apprend au quartier général de Blücher que Marmont s'est établi à Grossenhayn et on concentre alors l'armée autour de Bautzen.

L'apparition de Marmont vers la droite n'était cependant pas la seule raison qui avait amené Blücher à cette concentration. Le matin du 13 septembre, à onze heures, il avait reçu une lettre du tsar Alexandre lui proposant de se joindre par Rumbourg à l'armée de Bohême. Une telle manœuvre n'était nullement du goût de Blücher. Au seul point de vue militaire, elle aurait été à la vérité très-rationnelle. En laissant devant Macdonald une forte arrière-garde qui se montrerait entreprenante, on pouvait espérer lui en imposer et se réunir à Schwarzenberg; alors on formait une telle masse qu'on pouvait forcer de front les débouchés de l'Erzgebirge tout en coupant avec un fort détachement par Freyberg les communications à Napoléon; on l'anéantirait ensuite à Dresde. Cette formation d'une grande masse aurait été une heureuse correction du premier plan des trois armées qui déjà plusieurs fois avait permis à l'Empereur de mettre à profit sa position intérieure et concentrée contre les masses non réunies des Alliés, jeu qui, sans les fautes d'exécution signalées par nous, aurait pu avoir un résultat bien plus fâcheux pour les derniers. Le seul inconvénient de la concentration en Bohême, eût été de mettre Blücher hors du jeu pendant les quatre ou cinq jours du trajet, ce qui serait assez sensible si Napoléon, s'apercevant du mouvement et exploitant la ligne intérieure, le prévenait par une concentration plus rapide suivie immédiatement d'une attaque sur Schwarzenberg, ou même s'il faisait cela par hasard au même moment. Mais comme cette éventualité était peu probable, la concentration en Bohême, au point de vue exclusivement stratégique, nous le répétons, ne pouvait qu'être approuvée.

Néanmoins Blücher était absolument dans le juste en la rejetant. Les considérations qui le guidaient, pour n'être pas du domaine de la théorie militaire mais de celui des personnalités, n'en étaient pas moins judicieuses, et c'est une preuve qu'à la guerre la connaissance des hommes importe souvent plus que celle des règles stratégiques. Blücher en refusant de se rendre en Bohême, voulait garder la liberté de ses mouvements, car il savait que dans le quartier général des monarques, les conseils de guerre, les différentes opinions des Toll, Knesebeck, Jomini, Langenau, les égards pour les prétentions de tel général, les déférences pour les jalousies entre nations étaient la cause que la guerre se faisait sans l'énergie et la conséquence nécessaires pour combattre avec succès Napoléon, et, une fois qu'il se trouverait en contact immédiat avec ce réseau d'entraves, il serait infailliblement enveloppé dans ses mailles; et ainsi il dit dans une lettre intime à Knesebeck: «Au nom du salut commun, préservez-moi d'une réunion avec la grande armée. Que doit faire une telle masse énorme sur un terrain pour ainsi dire épuisé? C'est ici que je veux être actif et que je puis être utile; si je dévie d'un plan d'opération communiqué au prince royal de Suède, il se mettra sûrement à ramper, tandis que maintenant il avance à grands pas.»[1]

Mais il fait plus que de ne pas aller en Bohême, il prend la résolution d'aller sur le bas Elbe, et ici encore c'est ce qu'il sait du quartier général de l'armée du Nord qui lui prescrit sa résolution. Blücher savait que Bernadotte, quoiqu'il en eût pleinement la force, ne se déciderait jamais à passer l'Elbe pour faire une diversion énergique contre les communications de Napoléon, mouvement qui aurait promptement déblayé Dresde et l'Elbe et aurait forcé l'Empereur à se replier sur Leipzig. Ainsi le général prussien s'arrête au plan d'entreprendre la marche par son flanc droit sur le bas Elbe; là il franchira le fleuve et, une fois le chemin frayé, Bernadotte ne pourra plus faire autrement que de suivre. Une armée auparavant presque inerte serait alors mise en mouvement, une masse imposante serait formée, un grand résultat stratégique serait atteint. Il fallait pour le moment, il est vrai, dégarnir la Silésie, et la marche prêtant le flanc gauche à l'ennemi n'était pas sans périls, mais c'est parce qu'il fallait risquer quelque chose que le plan de Blücher mérite toute notre admiration; c'est M. de Moltke qui, en 1871, à l'occasion

---

[1] Herrnhut, 13 septembre.

de l'expédition du général de Manteuffel contre Bour-
baki, disait que «pour arriver à de grands succès il
faut risquer quelque chose.»

Blücher ici adopta ce que Jomini appelle lignes
d'opérations accidentelles qui «sont, dit-il, celles
amenées par des événements qui font changer le plan
primitif de campagne, et donnent une nouvelle direction aux opérations. Ces dernières sont rares et d'une
haute importance; elles ne sont ordinairement bien
saisies que par un génie vaste et actif.»[1] On sous-
crira certainement à cette dernière remarque du grand
théoricien et on sera d'autant plus convaincu du génie de Blücher, si l'on pense encore à la marche de
Ligny sur Wawre, cette autre application des lignes
accidentelles et qui décida la campagne de 1815. Le
grand maître de notre art, Napoléon, a dit que «le
changement de la ligne d'opérations est la manœuvre
la plus habile qu'enseigne l'art de la guerre.»[2]

Mais avant de pouvoir donner suite au plan formé, l'attention de Blücher est occupée par le corps
français qui est à Grossenhayn et il forme le projet
de l'enlever avec la coopération de Tauentzien arrivé
à Elsterwerda et Mühlberg. Déjà les mouvements
préparatoires sont engagés, l'attaque fixée au 24, lorsqu'on apprend le 22 que le corps en question s'est
retiré et qu'en même temps la troisième offensive de
Napoléon contre Blücher fait ajourner toute idée d'attaque de la part de ce dernier.

L'Empereur, établi de nouveau à Pirna avec son
quartier général, le 18 septembre a sous les yeux le

---

[1] Précis de l'art de la guerre.
[2] Mémoires. Précis des guerres de Frédéric II.

tableau suivant: Marmont et Murat se tiennent à Grossenhayn, Macdonald est à hauteur de Fischbach ayant Poniatowski sur sa droite à Lohmen, Mortier avec les gardes est à Pirna, tandis que St-Cyr et Victor gardent encore les débouchés de la Bohême. Sur ses derrières l'Empereur tient Leipzig occupé par 10,000 hommes sous le général Margaron et il fait battre l'estrade par la division de cavalerie Lefebvre-Desnouettes qui a reçu le 14 à Freyberg l'ordre de se diriger sur Dœbeln et de couvrir les communications en Saxe contre les incursions des nombreux partisans ennemis.

L'Empereur est bien résolu à refouler encore une fois Blücher, qui s'est trop rapproché de sa position centrale de Dresde, et ainsi le 19 il porte la jeune garde sur Lohmen, mais il est d'avis que le temps qu'il fait le 19 et le 20 est trop affreux pour faire des mouvements; l'expédition du côté de Bautzen est donc différée. Encore ici on ne reconnaît guère le Napoléon d'autrefois dont l'activité infatigable et la volonté inébranlable ne se soumettaient jamais aux caprices du temps,[1] lorsqu'il importait de ne pas perdre une seule journée. Mais ici le temps importait-il réellement? L'Empereur nous le dira lui-même; à deux jours de là il écrira à Macdonald: «Dans une guerre combinée comme celle-ci, les jours sont d'une haute importance.»[2]

Le 21, il énonce l'idée de rassembler tout son monde autour de Dresde et de donner du repos à

---

[1] «Il pleut beaucoup, mais cela ne ralentit pas les marches forcées de la grande armée.» Bulletin de la grande armée. Zusmarshausen, 10 octobre 1805.

[2] Dresde, 22 septembre, 10 heures du matin.

l'armée; à cet effet, il confie à St-Cyr la garde de l'Elbe de Pillnitz à Kœnigstein, il lui donne, outre son propre corps, le commandement suprême des 1er et 5me corps, ce dernier devant arriver le lendemain à Dresde; il estime ces forces de 40 à 50,000 hommes. La jeune garde retournera à Pirna, Marmont et Murat se retireront à Meissen, enfin il fait écrire à Ney de garder l'Elbe depuis Magdebourg jusqu'à Torgau.

Mais bientôt il se ravise, la proximité de Blücher est trop menaçante et, quoique l'Empereur soit encore décidé à se rassembler sur Dresde et à donner du repos à ses soldats derrière l'Elbe, pourtant il croit bon de vérifier préalablement si Blücher est en force à Bischofswerda et le cas échéant de le refouler, car, l'entamer sérieusement dans une bataille rangée, il ne l'espère plus, il dit que cela «serait une chose bien avantageuse, mais qui paraît opposée à leur système.»[1] Ainsi il ordonne à Macdonald, le 22 à 2 heures du matin, de faire avec les trois corps une forte reconnaissance jusque sur la position principale de l'adversaire. A midi, l'Empereur arrive lui-même sur le terrain, on refoule les avant-postes de Blücher et s'empare de Bischofswerda. Le 23, Napoléon continue à pousser sur Bautzen, cependant il a déjà l'intention de ne point poursuivre plus loin ce mouvement, mais de transférer les corps de Macdonald sur la rive gauche de l'Elbe, car dans la nuit il a reçu un rapport de Ney daté de Düben, le 22 à 4 heures du soir, et portant que l'ennemi a fini un pont à Elster et que le passage

---

[1] Lettre à Marmont. Pirna, 20 septembre 4 heures du matin.

de l'armée du Nord sur la rive gauche de l'Elbe, tant là qu'à Rosslau, est imminent. En repassant l'Elbe l'Empereur veut cependant garder un grand nombre de débouchés sur ce fleuve pour pouvoir à tout moment reprendre l'offensive. Ces débouchés seront: un pont à Kœnigstein couvert par une estacade et défendu par les ouvrages du Lilienstein, un pont à Pirna, un pont à Pillnitz, les trois ponts de Dresde, enfin le pont de Meissen; en avant de ces ponts il veut encore garder les débouchés de la forêt de Dresde et, dit-il, «dans cette position je battrai l'ennemi de l'œil, et, s'il s'enfourne dans quelque opération offensive, je tomberai sur lui de manière qu'il ne puisse pas éviter une bataille.»[1]

Par conséquent, le 24, un mouvement rétrograde s'engage; la jeune garde arrive à Dresde, Souham et Lauriston y seront rendus le 26, Poniatowski prenant par Fischbach passera de même l'Elbe. Macdonald, avec son corps et Sébastiani, tiendra provisoirement à Weissig pour couvrir ces mouvements. Marmont avec Latour-Maubourg, — Murat s'étant de sa personne rendu à Dresde, — sera à Meissen laissant L'héritier en vedette à Grossenhayn. L'Empereur rentre à Dresde le soir du 24 septembre.

---

[1] Lettre à Murat. Harthau, 23 septembre.

CHAPITRE VII.

Blücher passe l'Elbe. — Napoléon se porte sur Düben. —
Schwarzenberg avance contre Murat qui couvre Leipzig. —
Napoléon accourt à Leipzig.

Nous avons vu par tout ce qui précède que les armées françaises sont partout rejetées sur l'Elbe, et le récit suivant sera celui des opérations qui livrent cette ligne aux Alliés.

Au nord Bernadotte, toujours fidèle à son système d'hésitations, après la bataille de Dennewitz, n'avance que très-lentement; il se contente de charger Bülow du siége de Wittenberg et d'observer Torgau et le cours de l'Elbe. C'est Tauentzien qui remplit cette dernière tâche. Dans le but de se soustraire le plus possible à l'influence du quartier général suédois, il s'est rendu à Luckau, puis on le place à Schlieben. Les cavaliers de Latour-Maubourg, occupant Grossenhayn, délogent le 17 septembre les postes que Tauentzien a mis à Mühlberg et à Liebenwerda, mais ce dernier reprend ces localités et profite de cet événement pour se déplacer encore plus vers la gauche à Elsterwerda d'où, comme nous avons vu, il devait entrer en coopération avec Blücher.

La manière d'agir de Bernadotte, comme on voit, n'était pas bien menaçante pour les Français, la seule mesure qui portât un caractère offensif était la construction de trois ponts dont les Russes établissent l'un à Acken, les Suédois l'autre à Rosslau, enfin les Prussiens le troisième à Elster; on les munit tous de têtes de pont.

Ney, pendant ce temps, s'est retiré derrière l'Elbe et s'est placé à Eilenbourg et Torgau, puis à Düben; le 19, le 12me corps est dissous par ordre de Napoléon pour renforcer les cadres des deux autres corps; Oudinot se rend à Dresde et le 25 il est chargé du commandement de deux divisions de la jeune garde.

S'étant rétabli et voyant le travail que Bernadotte exécute aux ponts cités plus haut, Ney, qui croit le passage de l'Elbe par l'armée du Nord imminent, dirige Bertrand sur Wartenbourg. Ce général s'emparé, le 24, de ce village, sur quoi les Prussiens rompent leur pont dans la nuit du 25 au 26. Puis Ney, l'ennemi s'étant montré à Dessau, s'y porte, occupe fortement Dessau, mais ne peut s'emparer de la tête de pont de Rosslau. Alors il établit Reynier à Oranienbaum et Wœrlitz, Bertrand à Kemberg échelonné à la droite jusqu'à Wartenbourg.

Probablement les deux adversaires seraient restés encore longtemps en présence, séparés par l'Elbe, barrière que l'un n'avait pas la force, l'autre la volonté de franchir, si Blücher n'avait paru sur la scène par suite de la marche de flanc mentionnée plus haut. Ce général, le 25, avait encore une fois voulu attaquer Macdonald, mais, voyant que celui-ci s'est déjà retiré, il engage le lendemain avec 70,000 hommes la marche par le flanc droit sur Kœnigsbrück-Kamenz, ayant laissé 9000 hommes à Bautzen pour donner le change aux Français. Il se fait précéder par un officier d'état-major chargé de reconnaître le cours de l'Elbe pour choisir d'abord un point favorable au passage et qui permette de jeter un pont avec le seul matériel de l'armée sans compter sur les embarcations du pays, et puis un point où l'on pourra construire une bonne tête de pont pour 50,000 hommes. Quant à cette dernière tâche on dirige l'attention de l'officier, expressément sur la courbe que l'Elbe fait à Elster. Après cela il se rendra auprès de Bernadotte pour l'engager à secourir de son mieux le passage de l'armée de Silésie. Pour couvrir sa marche, Blücher dirige Sacken par Grossenhayn sur Meissen, et celui-ci en vient aux mains avec l'ennemi sur ces points. Derrière ce corps, ceux de Yorck et de Langeron marchent par Hertzberg sur Jessen où ils arrivent le 2 octobre.

D'abord Blücher avait voulu passer l'Elbe à Mühlberg, comptant sur Tauentzien qui d'Elsterwerda lui assure de soutenir ce mouvement. Mais le 29 ce dernier lui mande que, sur un ordre pressant de Bernadotte, il doit se rendre en toute hâte à Jessen, et, puisque la reconnaissance spéciale de Mühlberg ne donne point un bon résultat, on abandonne cette idée, et, lorsque, le 30, l'officier envoyé en avant revient et rapporte que la localité à Elster est favorable et que Bernadotte a promis de fortes démonstrations à Acken et à Rosslau, on adopte définitivement ce point. Bernadotte alors avait les Russes en face d'Acken, les Suédois à Rosslau, Bülow devant Wittenberg et Tauentzien à Jessen; le pont qu'il avait déjà fait jeter à Elster, le 21, il l'a fait rompre de nouveau, comme nous le savons, dans la nuit du 25 au 26.

Blücher y fait maintenant jeter deux ponts de bateaux dans la nuit du 2 au 3 octobre, et à 7 heures du matin le corps de Yorck commence à défiler. Mais sur l'autre rive on trouve l'ennemi en force et en position. Les travaux qui, depuis le 28, avaient été repris à Elster, avaient donné l'éveil à Ney et il y envoie de nouvelles troupes de sorte que, le 1er octobre, tout le corps de Bertrand y est réuni. Il a occupé la corde de l'arc de cercle formé par le fleuve et tient sa masse dans la position très-forte de Wartenbourg; avec son aile droite, qu'il a faite assez faible, il est à Bleddin.

Les premières troupes de Yorck avancent contre Wartenbourg mais trouvent la position trop forte pour être enlevée de front, ainsi Yorck dirige une brigade à gauche sur Bleddin; elle ne peut avancer que lentement vu les accidents du terrain, enfin à deux heures on emporte Bleddin et poursuit au delà sur Globig, puis ces troupes se tournent contre le flanc droit de la position de Wartenbourg. Devant cette position, l'agresseur, en attendant, a déployé de plus en plus ses troupes, mais, sous le feu de la garnison, les marais, canaux et digues qui couvrent le front de Wartenbourg sont insurmontables. Enfin, la troupe souffrant énormément, Yorck préfère aux pertes d'un combat préparatoire la chance de l'assaut de front sans attendre que le mouvement tournant par Bleddin se fasse sentir: Wartenbourg est enlevé vers 4 heures et la retraite du corps de Bertrand est inévitable. Il la prend sur Delitzsch, où, le 5, Ney réunit ses deux corps.

Ainsi le plan de Blücher a réussi, l'armée de Silésie est sur la rive gauche de l'Elbe. A cette occasion, il ne sera pas déplacé de rappeler la marche que Napoléon entreprit en mai 1796 sur Plaisance et qui lui a fait tant de gloire; cette marche sur Wartenbourg ne le cède en rien à l'opération du grand capitaine français, elle lui est analogue sous tous les points. Mais si ce plan comme conception stratégique mérite toute notre admiration il faut aussi dire que la tentative de passer l'Elbe précisément à Elster, en face de tout le corps de Bertrand établi dans une position éminemment forte, ne permettait guère de compter sur un succès. Il est vrai qu'on ignorait tout cela, car on n'avait fait reconnaître ni le terrain, ni les forces de l'ennemi. C'est un exemple, et ce n'est pas le seul, du mépris que le quartier général de Blücher, dans la grandeur de ses vues stratégiques, avait pour les difficultés du détail tactique, difficultés qui ensuite, dans les batailles, se firent sentir d'une manière désagréable. Du reste Bernadotte, toujours le même, s'était bien gardé de dégager Blücher, comme il l'avait promis, par des démonstrations à Acken et à Rosslau.

Par suite de sa résolution de se replier entièrement sur et même derrière l'Elbe, l'Empereur fait revenir Marmont avec Latour-Maubourg de Grossenhayn à Meissen; il part le 26 et prolongera sa marche sur Wurzen. Puis l'Empereur renvoie Poniatowski par Nossen à Waldheim, car d'abord il devient défiant du côté des débouchés occidentaux de l'Erzgebirge et ensuite les partisans ennemis sur les derrières de l'armée en Saxe, nommément Thielmann et Platov, se montrent très-entreprenants; le 28, ils forcent même Lefebvre-Desnouettes à évacuer Altenbourg. Le reste de ce que l'Empereur avait eu sur la rive droite de l'Elbe il le resserre autour de Dresde: c'est Oudinot, Macdonald et Souham avec la cavalerie de Sébastiani, celle de L'héritier se tient à Meissen. Sur la rive gauche il y a Lauriston et Mortier vis-à-vis de Pillnitz, St-Cyr et Lobau continuent de garder les défilés de Borna et Berggiesshübel, enfin Victor à leur droite veille de même du côté de la Bohême.

Mais chaque jour que l'Empereur reste encore à Dresde il devient de plus en plus inquiet pour ses communications, c'est-à-dire pour Leipzig. La mésaventure survenue à Lefebvre à Altenbourg, et qui lui a été rapportée bien enflée, lui fait croire à une marche imminente de Schwarzenberg sur Leipzig. Il dirige donc sur cette ville Marmont qui y sera comme une réserve générale, prêt pour toutes les directions, soit pour soutenir Ney, soit pour s'opposer à l'offensive présumée de Schwarzenberg par Altenbourg. Ce maréchal arrive le soir du 28 à Leipzig, puis il se place à Taucha sur la Parthe. Leipzig est occupé par Arrighi qui, outre sa cavalerie, commande aux troupes du général Margaron. Latour-Maubourg a été laissé à Wurzen.

Puis l'Empereur envoie Lauriston à Nossen et fait marcher Poniatowski à Frohbourg; enfin Victor doit s'étendre du côté de Chemnitz, on lui donne encore L'héritier qui sera relevé à Meissen par Souham. Le 1er octobre la situation pour Napoléon devient plus claire, il sait alors que Lefebvre à Altenbourg n'a eu affaire qu'aux quelques cavaliers de Thielmann et de Platov, de l'autre côté il voit que réellement il s'accuse un mouvement vers la gauche dans le camp de Schwarzenberg. « Tous les renseignements s'accordent à dire que l'ennemi fait un mouvement sur la route de Kommotau sur Marienberg, »[1] écrit-il à Macdonald. La seule chose qu'il ne pénètre pas c'est la marche de Blücher. L'attaque que Sacken a dirigée contre Meissen l'induit en erreur. « Il paraît que les corps de Langeron, de Sacken et de Blücher ont fait tous un mouvement sur Elsterwerda et Grossenhayn, » voilà ce qu'il écrit et ce qui était tout à fait juste, mais ce qui l'était moins, c'était la conclusion qu'il en tirait: « Il est possible que ce soit pour attaquer le camp retranché du côté de la plaine par les chemins de Berlin et de Meissen. Comme ils évitent par là la forêt, c'est effectivement le point le plus attaquable. »[2] Du reste il ne s'en inquiète pas autrement, ce n'est qu'au 4 octobre que, sérieusement alarmé maintenant, il mande à Macdonald: « J'attache une grande importance à savoir bien décidément ce que sont devenus Langeron, Sacken et Yorck. Je désire donc que demain vous fassiez faire une reconnaissance de 7 à 8000 hommes d'infanterie, cavalerie et artillerie sur Grossenhayn (Sacken a été de ce côté), et que vous en fassiez faire aussi dans d'autres directions, de manière à savoir positivement ce qu'est devenue l'armée ennemie de Silésie. »

A cette date, l'Empereur a: Augereau, — 16,000 hommes y compris Milhaud — à Iéna, Marmont à Taucha, les corps de Ney vers Bitterfeld et Düben,

---

[1] Dresde, 1er octobre.
[2] Dresde, 2 octobre. Lettre à Macdonald.

Poniatowski à Altenbourg, Victor à Flœha et Freyberg et Lauriston à Mittweida. Ces trois derniers
corps sont depuis le 2 octobre sous le commandement
suprême de Murat qui comme cavalerie dispose de
L'héritier. Le reste est dans ses anciennes positions
autour de Dresde. Tout ce dont l'Empereur dispose
maintenant en Saxe, en comptant Augereau, s'élève à
environ 220,000 hommes.

Pendant ce temps, Schwarzenberg était d'abord
resté tranquillement sur place attendant l'arrivée de
l'armée de réserve qui, sous Benningsen et comptant
50,000 hommes avec près de 200 bouches à feu, arrivait de l'intérieur de la Russie. Elle était le 8 septembre à Breslau et se rendait maintenant en Bohême selon les ordres de Schwarzenberg pour passer
l'Elbe à Leitmeritz et relever les troupes postées à
Tœplitz. Elle atteint cette ville le 30. Dès qu'elle
est à proximité, Schwarzenberg, résolu maintenant
d'entrer en Saxe, ordonne la marche à gauche qui
commence le 27. Il a sous sa main pour cette expédition au moins 170,000 hommes sans préjudice de
Benningsen. Le 4 octobre, nous voyons Klenau à
Marienberg, son avant-garde vers Chemnitz et en contact avec l'ennemi, M. Lichtenstein à Zwickau, Kleist
à Annaberg, Wittgenstein à Schwarzenberg, le prince
de Hesse et Meerveldt à Kommotau où se trouve
aussi le quartier général, le reste à peu près dans
les anciennes positions.

Que l'invasion de la Saxe par Schwarzenberg ne
soit pas bien rapide, on ne s'en étonne pas, il y a
trop de raisons pour expliquer cela, mais ce qui est
plus surprenant, c'est de voir Napoléon si peu actif.
Il reste à Dresde quoique à droite et à gauche les

armées du Nord et de Bohême s'approchent d'une manière inquiétante de sa position intérieure en Saxe en prenant pour objectif Leipzig, point dans son dos et de la plus haute importance, car toutes ses communications y concourent. S'il pouvait compter avec raison que ni Bernadotte, ni Schwarzenberg ne lui porteraient un grand coup d'audace, pourtant il ne pouvait en être sûr absolument, d'un jour à l'autre une opinion plus énergique pouvait l'emporter et alors quelle serait sa situation à Dresde. Du moment que Schwarzenberg marche par Altenbourg, Blücher par Wartenbourg sur Leipzig, ils s'éloignent de Dresde et l'avantage de cette position, celui de tomber par une rapide sortie sur l'un des adversaires, s'évanouit; devant la bonne position militaire de Dresde, il n'y a plus d'objet; c'est alors que la forte base éventuelle de l'Elbe, tournée des deux côtés, perd son efficacité, il faut donc changer de système, et voilà pourquoi Jomini dit avec raison que les bases temporaires et lointaines seront plutôt des points d'appui instantanés que des bases réelles, et il donne comme exemple justement la combinaison de Dresde.

Néanmoins l'Empereur ne peut se décider à abandonner la capitale de la Saxe, il croit déroger à son prestige s'il fait un tel pas en arrière et il en craint l'impression fâcheuse sur son armée, sur la France et sur l'Europe. Si de telles considérations servent à expliquer la conduite de l'Empereur, elles ne peuvent pourtant pas justifier tout à fait ce séjour trop prolongé à Dresde, cependant tel était encore l'ascendant de son nom sur les Coalisés, qu'il n'ont pas osé avancer résolûment sur lui pour l'étouffer dans sa position aventurée, et c'est peut-être encore là-dessus qu'il a compté. Mais bien qu'il ne veuille pas céder, on peut même dire, bien qu'il s'aveugle à dessein contre le péril dont il est menacé, pourtant il ne peut pas tout à fait se soustraire à l'influence des mouvements ennemis sur ses résolutions. C'est ainsi qu'il se voit forcé de renvoyer sur les derrières, un à un et comme à regret, ses corps de Dresde pour les opposer à l'offensive dont Bernadotte menace, et que Schwarzenberg a commencée.

Enfin il laisse de côté toutes les considérations qui ne sont pas du domaine purement militaire et dès ce moment il redevient actif, entreprenant. Dans la nuit du 4 au 5 octobre il reçoit de Marmont la nouvelle, mais sans détails, de ce qui est arrivé le 3 à Bertrand près de Wartenbourg, et là-dessus il ordonne, à 2 heures du matin, que ce maréchal avec Latour-Maubourg se réunisse à Ney pour détruire les ponts de l'ennemi sur l'Elbe. Souham se mettra en marche pour Torgau, il prendra les ordres de Marmont et celui-ci de son côté obéira à Ney. A Meissen, Souham sera remplacé par Oudinot.

Mais dès le lendemain, 6 octobre, l'Empereur prend un parti plus décidé: ce n'est plus maintenant une offensive partielle sous Ney, mais une opération à prendre en ses propres mains qui devra changer de ce côté l'aspect des choses, car il espère arriver là à une bataille; Mortier, Macdonald et Sébastiani seront acheminés sur Meissen, où l'Empereur se rendra de sa personne: St-Cyr et Lobau suivront. Du côté de Schwarzenberg Murat, abandonnant la communication jusqu'alors entretenue entre Dresde et Chemnitz, se mettra entre l'ennemi et Leipzig. Le

7, à une heure du matin, l'Empereur formule son plan comme il suit:[1]

«1° Faire dans la journée du 7 une grande marche sur Wurzen. Je puis y avoir mon quartier général avec la cavalerie Sébastiani, celle de la Garde, et le corps d'Oudinot à quatre lieues de Wurzen, de manière à être demain 8 à Leipzig, s'il le fallait absolument.

«2° Le 3me corps d'infanterie sera probablement à Wurzen, puisque le duc de Raguse l'a dirigé sur la Mulde.

«3° Le général Lauriston peut prendre position à Rochlitz, il n'a que trois lieues à faire; le duc de Bellune peut aller à Mittweida, commençant son mouvement un peu tard: ils se trouveront en liaison avec le prince Poniatowski qui est à Frohbourg. Demain ils peuvent être à Frohbourg, contenant ainsi la tête de l'armée ennemie.

«Le maréchal St-Cyr peut faire ployer, aujourd'hui 7, le 1er et le 14me corps sur Dresde, faire occuper, demain 8, Meissen et commencer son mouvement, évacuer Dresde le 7 et se mettre en grande marche sur Wurzen.

«Par le résultat de ce mouvement, je serai maître de faire ce que je voudrai; de Wurzen je puis me porter sur Torgau ou sur l'ennemi, débouchant de Wittenberg, ou bien ployer toute mon armée sur Leipzig et avoir une bataille générale, ou bien repasser la Saale.

«Détail. Le roi de Naples se porterait sur Mittweida en masquant son mouvement; il n'évacuerait

---

[1] Notes sur les mouvements des différents corps d'armée.

Flœha que le 7 à la nuit; l'ennemi ne saurait que le 8, au matin, qu'il n'y a plus personne sur la route de Chemnitz à Dresde.

«Le général Lauriston gagnerait Rochlitz et n'abandonnerait Mittweida que lorsque la tête du 2me corps serait arrivée.

«Le 8, le 2me corps se porterait sur Rochlitz, et resterait en observation de Rochlitz à Frohbourg, occupant Colditz, afin de se lier avec l'armée. Il resterait là jusqu'à nouvel ordre, à moins que l'ennemi ne le poussât; dans ce cas, il se rapprocherait de Leipzig, sans se laisser détacher de la Mulde.

«Le 8, l'armée que je commande en personne serait sur Wurzen.

«Le 10, le corps du maréchal St-Cyr serait sur Wurzen.»

C'est dans cette disposition, simple et lucide, que nous retrouvons en entier le capitaine modèle que les campagnes antérieures nous avaient accoutumés à voir en Napoléon. Sa position centrale à Dresde étant devenue intenable, il en prendra une autre sur la Mulde à Wurzen; de là il sera à même de tomber sur tout ce qui au nord passerait les ponts de l'Elbe, de rudement le maltraiter et de le rejeter derrière le fleuve, après quoi il pourra en toute sûreté se réunir avec Murat pour donner une bataille décisive contre Schwarzenberg.

La deuxième possibilité qu'il entrevoit, celle de ployer toute son armée sur Leipzig pour y recevoir une bataille générale, militairement n'est pas à conseiller, car dans ce cas il permet à l'ennemi d'arriver avec toutes ses masses concentriquement sur le champ de cette bataille, ce qui en rabaissera singulièrement les chances heureuses. Cependant il faut aussi se rappeler qu'à cette époque l'Empereur, dans toute sa longue carrière, à une seule fois près, avait encore toujours vu l'ennemi lui céder le champ de bataille, et ainsi il était bien en droit de supposer qu'une bataille rangée dirigée par lui-même, quelle que fût la supériorité numérique de l'adversaire, serait une victoire. Pourtant on peut dire que cette solution du problème ne valait pas la première idée, celle d'exploiter offensivement la ligne intérieure. On ne peut ici que se ranger de l'avis du général Berthezène lorsqu'il dit de Napoléon: «Sa grande supériorité intellectuelle lui donnait une telle confiance, qu'il se crut assez puissant pour vaincre ses adversaires, quelque système de guerre qu'il embrassât.»

Enfin le troisième plan qu'il envisage, celui de repasser la Saale, sans aucun doute était le moins risqué, le plus prudent et celui qu'un bon général à la tête d'une bonne armée, voire même un souverain légitime, aurait adopté. Là, quelque diligence que l'ennemi pût faire, on se renforcerait, tandis que l'ennemi devrait laisser des troupes en route, enfin la barrière de la Saale ferait époque dans la campagne, comme l'avait fait celle de l'Elbe, et de nouvelles chances se présenteraient. Pourtant, dans la situation de Napoléon, cette résolution n'aurait pas été la bonne. Une retraite ne pouvait être que nuisible à sa jeune armée et lui, le soldat heureux sur le trône, ne pouvait pas impunément céder du terrain, abandonner des royaumes et se rapprocher de ses frontières. Puis, quel encouragement pour ses adversaires, qui plus que toute autre chose craignaient une bataille et voulaient tout atteindre par des marches et des contre-marches, si toute la Saxe tombait entre leurs mains comme prix d'une manœuvre, sans bataille. Cette marche en arrière de la Saale, si elle avait été exécutée, aurait prouvé de nouveau qu'avec de la prudence on risque souvent plus qu'en se montrant hardi.

Ainsi la continuation sur Düben de la marche entreprise sur Wurzen, comme nous la verrons encore exécuter par l'Empereur, était dans sa situation ce qu'il put faire de mieux.

Un détail encore est digne d'être remarqué. En fixant, ainsi qu'il en avait l'habitude, son plan comme dans un monologue, l'Empereur est bien résolu d'emmener de Dresde tout son monde et certainement, puisqu'il avait l'intention de chercher une décision tactique, il ne put mieux faire que de suivre la grande règle qui sous différentes formes revient toujours dans ses écrits, et dont ses actes avaient tant de fois démontré la vérité, celle qu'il faut mettre en jeu toutes ses forces au point et au moment décisifs. Lui-même du reste s'expliquait très-clairement sur la nécessité absolue d'emmener le 1er et le 14me corps dans un entretien qu'il avait avec St-Cyr dans la nuit du 6 au 7 octobre à Dresde; les raisons qu'il donne sont irréfutables: «Je vais certainement avoir une bataille: si je la gagne, j'aurai le regret de n'avoir pas eu dans la main toutes mes troupes; si au contraire j'éprouve un revers, en vous laissant ici, vous ne me servirez pas dans la bataille, et vous êtes perdus sans ressource.» Malgré cela, nous verrons qu'il laissera en définitive St-Cyr et Lobau à Dresde; inconséquence qui étonne chez celui qui a levé le siége de Mantoue pour battre d'abord ses adversaires. Dresde, s'il avait chassé les Coalisés de la Saxe, aurait été le prix de la victoire, mais la troupe qu'il laisse à la garde directe de cette ville lui manquera cruellement sur le champ de bataille, où le sort non-seulement de Dresde, mais de l'Allemagne, mais de l'Europe va se décider. Aussi cette mesure doit-elle être regardée plutôt comme un symptôme de l'entêtement à ne rien céder que la toute-puissance avait dévéloppé dans Napoléon, que comme une précaution militaire: ce n'est pas le général qui laisse 30,000 hommes à Dresde, c'est l'Empereur.

Par suite de sa résolution, Napoléon fait donner les ordres nécessaires à ses chefs de corps et, à 6 heures du matin, le 7 octobre, il quitte de sa personne Dresde et se rend par Wilsdruf à Meissen. Après un court séjour dans cette ville, il arrive l'après-midi à Seerhausen où il établit son quartier général. Il sait maintenant que c'est toute l'armée de Silésie qui a débouché par Wartenbourg et il n'en est que plus résolu à chercher une bataille. Néanmoins c'est à Meissen qu'il conçoit l'idée de conserver le poste de Dresde en y laissant St-Cyr avec Lobau; il en envoie l'ordre au premier, mais rien n'indique ce qui l'a pu amener à changer ainsi de résolution. L'Empereur a alors Souham à Torgau, Latour-Maubourg le long de l'Elbe sur Torgau, Oudinot, Mortier, Macdonald et Sébastiani sur Meissen et en avant de cette ville; Marmont est à Taucha, Ney à Bennewitz sur la Mulde.

Pendant ce temps Blücher s'est avancé de son côté. Le lendemain du combat de Wartenbourg, ayant perdu le contact avec l'ennemi, il lance sa cavalerie en avant pour le retrouver, mais n'y réussit pas; à midi néanmoins il s'ébranle avec ses 64,000 hommes et

330 bouches à feu et fait encore deux lieues dans la direction de Kemberg; on apprend qu'un détachement d'infanterie ennemie a occupé Düben. A Wartenbourg on commence à élever un camp retranché.

Le 5, pour éclairer la situation, Blücher pousse les avant-gardes de ses trois corps en large front contre la Mulde, la cavalerie même au delà; Düben ce jour-là est de nouveau évacué par l'ennemi. Les gros des corps de Blücher atteignent: Yorck Græfen-haynchen, Sacken Leipnitz, Langeron est entre deux, le quartier général est à Düben. Bernadotte a pro-fité des deux derniers jours pour passer de même l'Elbe et se trouve maintenant avec le corps de Bülow en avant de Dessau, les Suédois et Tauentzien à Des-sau, Wintzingerode à Acken.

Le 6, Blücher et Bernadotte, fort peu instruits sur les desseins de l'adversaire, restent sur place; le premier, ayant appris l'arrivée d'un corps ennemi à Torgau, veut couvrir les travaux à Wartenbourg, car il lui importe de gagner là une position forte, en cas qu'il se verrait assailli par des forces supérieures. C'est dans la même intention que le lendemain 7 il envoie la moitié du corps de Langeron à Schmiede-berg. Le même jour a lieu une entrevue entre Ber-nadotte et Blücher à Pouch près de Mühlbeck, où celui-ci, qui croit qu'il n'y a relativement que peu de troupes autour de Leipzig, propose de tomber des-sus par une offensive générale ce qui dégagerait ef-ficacement l'armée de Bohême. Bernadotte, quoique très-peu enclin à adopter ce plan, promet tout ce qu'on veut, bien résolu de s'en tenir aux promesses. En conséquence, le 8, Blücher fait avancer Yorck à Mühlbeck, Langeron à Düben, Sacken à Mockrehna;

cependant le même jour il reçoit la nouvelle que Napoléon a quitté Dresde la veille et s'est mis à descendre l'Elbe.

En réalité, ce jour-là l'Empereur s'est massé avec le gros de ses forces aux environs de Wurzen, ayant Bertrand sur sa droite à Schilda, Marmont avec les cavaleries Latour-Maubourg et Lefebvre-Desnouettes sur sa gauche à Taucha, Ney avec le corps de Reynier près de Eilenbourg et Wurzen. Napoléon suppose Blücher avec 60,000 hommes à Düben et veut l'y assaillir le lendemain en faisant converger tous ses corps sur cette localité depuis 6 heures du matin.

Blücher en attendant a envoyé un officier d'état-major à Bernadotte pour concerter avec lui une action commune. Ce dernier, qui s'est établi le 7 dans la ligne Cœthen-Jessnitz ayant Tauentzien en arrière près de Dessau, veut d'abord repasser l'Elbe, enfin il consent à rester sur la rive gauche de ce fleuve si Blücher se met avec lui derrière la Saale. Le 9 au matin, l'officier revient auprès de Blücher et le général prussien cède à la demande de son collègue, quoiqu'il dût par là perdre sa ligne de communication. Ainsi il dirige ses corps par son aile droite. Mais déjà Napoléon a engagé son mouvement offensif sur Düben, ce qui fait que Sacken, qui était à Mockrehna, est coupé du reste de l'armée par tout ce qui avance par Eilenbourg sur Düben. Promptement résolu, Sacken tourne Düben par une marche de nuit et atteint ainsi Raguhn, le 10 au matin; Yorck est à Jessnitz, Langeron à Mühlbeck et le 10 ces deux généraux marchent à Zœrbig, tandis que les troupes fatiguées de Sacken campent près de Raguhn. Bernadotte est resté dans la position ci-dessus mentionnée. Le mouvement étonnant de Blücher, qui passe le 10 devant le front de l'armée du Nord pour se mettre sur l'aile droite de cette armée, est encore nécessité par une demande de Bernadotte qui ne veut pas perdre ses communications avec l'Elbe et ses ponts.

L'Empereur a été le 9 à Eilenbourg avec la Garde, Ney arrive avec Souham à Priestæblich, avec Reynier à Düben, Bertrand et Macdonald avancent sur Auenhain et Mockrehna, le reste de l'armée est entre Eilenbourg et Wurzen. Le 10, Macdonald avance dans la direction de Wittenberg, Bertrand atteint Schmiedeberg; Ney avance à Græfenhaynchen, Reynier prend par Schkœna la direction de Kemberg; la cavalerie Sébastiani se dirige sur Trebitz. Le quartier général de l'Empereur est à Düben où il a les gardes et Latour-Maubourg. Il voit avec dépit se répéter devant lui le jeu qui, sur les champs de la Silésie l'a déjà, forcé à des marches infructueuses et lui a refusé toute victoire décisive. Que peut-il faire? Déjà il sait l'armée de Schwarzenberg en marche sur Leipzig et les forces de Murat ne pourront entraver cette marche que pendant très-peu de temps. Comme il juge la situation, et il est bien en droit de la juger ainsi, Blücher et Bernadotte n'ayant pas tenu devant lui se retirent sur leurs ponts de l'Elbe; il les y suivra et, s'ils veulent s'y défendre, trouvera l'occasion tant désirée d'une bataille rangée, ce qui les rejettera sur la rive droite. Lui-même passera aussi l'Elbe et prendra sa ligne d'opération sur la rive droite, depuis Dresde jusqu'à Magdebourg. Murat, qu'il calcule à 62,000 hommes, doit essayer de tenir à Leipzig, cependant ne point risquer une affaire générale contre des forces supérieures. Si l'ennemi en déployait de telles contre lui, il prendrait sa retraite par Eilenbourg et Düben sur Torgau et Wittenberg pour passer lui aussi l'Elbe. De cette manière l'Empereur aura soutiré à Schwarzenberg l'armée de Murat, objet de son mouvement, il aura fortement entamé les armées de Blücher et de Bernadotte et, par un brusque changement de ligne d'opération, il aura mis l'Elbe entre les deux masses ennemies. C'était dans ce sens qu'il lançait sur Wittenberg Bertrand par Schmiedeberg, Sébastiani par Trebitz et Reynier par Kemberg, Ney par Græfenhaynchen contre les autres ponts de l'ennemi, dès qu'il s'aperçoit que celui-ci cède partout devant lui.

Mais dans la soirée même sa pensée se modifie. Il prend alors en considération l'envoi sur Leipzig d'un corps de 20,000 hommes, voire même une concentration de toute son armée sur Leipzig, et il donne un commencement d'exécution à cette idée en enjoignant à Marmont, qui s'était mis en marche sur Düben, de ne point dépasser la Mulde. Cependant le 11 il se ravise et continue son mouvement sur Wittenberg; Reynier passera l'Elbe à Wittenberg, Bertrand avec Sébastiani ira à Wartenbourg pour faire lever les ponts qui s'y trouvent, ils seront suivis par Macdonald et puis par les gardes. Le corps de Marmont passera la Mulde à Düben, seul, Ney restera à Græfenhaynchen et s'éclairera de tous les côtés, car, quoique l'Empereur suppose la masse de l'ennemi aux environs de Dessau, il commence pourtant à soupçonner la possibilité d'une retraite vers la Saale.

C'était en effet ce fleuve que Blücher et Bernadotte s'étaient proposé de franchir ce jour-là, le dernier ayant promis de jeter à cet effet deux ponts à Wettin. Mais lorsque Blücher arrive près de cette localité, rien n'y est fait. Dès lors le général prussien renonce à toute entente ultérieure avec Bernadotte; il ne lui communiquera plus que les faits accomplis. Pour le moment, il se dirige sur Halle pour y chercher le contact avec l'extrême gauche de Schwarzenberg et pour attaquer Leipzig ensemble avec ce dernier. Ainsi Langeron est le soir à Halle, Yorck y arrive le matin 12, Sacken atteint Lœbejün. Bernadotte est vis-à-vis de Rothenbourg, ayant laissé Tauentzien à Dessau à la garde des ponts de Rosslau et d'Acken. Ce général, s'apercevant des mouvements de l'ennemi contre l'Elbe et du péril d'être coupé par la colonne qui menace de passer ce fleuve à Wittenberg, passe l'Elbe de son côté et prend position sur la rive droite, à Rosslau, pour ne pas perdre la communication avec Berlin.

Il n'était que temps, car dans l'après-midi Reynier arrivé à Wittenberg y avait franchi l'Elbe et avait repoussé la brigade qui observait cette forteresse; celle-ci arrive à la nuit tombante à Cosswig où elle est en communication avec Tauentzien. Macdonald a suivi Reynier et Bertrand arrive à Wartenbourg, Latour-Maubourg pousse jusqu'à Kemberg et Ney est toujours à Græfenhaynchen.

C'est dans la nuit du 11 au 12 octobre que l'Empereur apprend la marche de ses adversaires sur Halle. D'abord il persiste à vouloir faire marcher Reynier par la rive droite sur Rosslau en attendant que Ney s'y porte par Dessau, mais à 9 heures et demie du matin les ordres définitifs pour faire rebrousser tous ses corps sur Leipzig sont donnés «mon intention étant d'y livrer bataille avec toutes mes forces réunies.»[1] Voici les réflexions que l'Empereur fait à la suite de cette résolution:[2] «Je donne ordre à Ney de se porter sur Düben.

«Ney ne recevra pas cet ordre avant deux heures de l'après-midi; ses troupes se mettront en marche à trois heures; elles ne pourront passer le pont de Düben que demain 13 (la Garde alors l'aura passé); il peut être le 13 au soir, sans difficulté, à Taucha.

«Latour-Maubourg étant à Kemberg, il n'y a non plus aucune difficulté.

«Le duc de Tarente ne recevra l'ordre qu'à trois heures; s'il a passé le pont de l'Elbe, il lui faudra la nuit pour repasser; il ne sera à Düben que demain 13; et pendant la journée du 14 il se mettra en marche sur Taucha.

«Le général Reynier, qui marche sur Rosslau, ne pourra être que cette nuit à Wittenberg; il pourra être le 15 à Taucha. Celui-là peut venir par Eilenbourg.

«Il en est de même pour le général Sébastiani.

«Quant aux ducs de Trévise et de Reggio et à la réserve de la Garde, tout cela passe le pont de Düben aujourd'hui et sera demain à Taucha, de bonne heure.

«Le Roi est aujourd'hui 12 à Crœbern; il sera demain 13 à Leipzig et à Taucha, où je serai arrivé demain avec Curial,[3] la vieille et la jeune Garde et le duc de Raguse, près de 40,000 hommes; ce qui,

---

[1] Lettre à Berthier. Düben, 12 octobre.   [2] Notes sur la réunion des différents corps d'armée à Taucha. Düben, 12 octobre, 10 heures du matin.   [3] Commandant une division de la Garde.

avec les 50,000 hommes du Roi, fera près de 90,000 hommes.

«Ces 90,000 hommes seront renforcés dans la journée de demain 13, où nécessairement l'ennemi ne peut pas attaquer, par Ney, Bertrand et Latour-Maubourg.

«Le 15, toute notre armée sera réunie.

«Demain 13, l'ennemi arrive à Crœbern. Il saura que la Grande Armée est arrivée. On passera la journée du 14 à se mettre en bataille. J'ai donc le 13 et le 14 pour réunir. Je dis plus: quand toute l'armée serait à Düben, elle ne pourrait pas arriver avant, à moins d'avoir cinq ou six débouchés.»

Puis il récapitule cela et fait le calcul des effectifs, enfin il conclut:

«Ainsi: première ligne, près de 120,000 hommes; seconde ligne, 70,000 hommes; total, environ 190,000 hommes.»

A ce moment, l'Empereur croit toujours que les troupes rencontrées par Reynier sur la rive droite de l'Elbe, c'est-à-dire le corps de Tauentzien, sont toute l'armée du Nord et que Blücher seul est sur la Saale, et ainsi il se dit être débarrassé de 40 à 50,000 ennemis et en état de livrer la grande bataille sans cette armée. Mais ce qui l'inquiète, c'est ce qui se passe du côté de Murat. Il est peu sûr que celui-ci puisse tenir le 13 au sud de Leipzig et il entrevoit la possibilité où il lui faudrait le reployer sur la Mulde, entre Grimma et Wurzen. A 4 heures de l'après-midi il lui envoie en toute hâte un officier pour vérifier sa situation.

Cependant, bien qu'en principe l'Empereur ait résolu de se masser sur Leipzig, il continue encore pendant cette journée du 12, les mouvements de ses corps contre l'Elbe, le seul Marmont marche sur Leipzig, et ainsi Reynier avance sur la rive droite de ce fleuve, de Wittenberg sur Rosslau, repoussant devant lui la brigade qui avait observé Wittenberg. A Rosslau, celle-ci se réunit à Tauentzien et ce dernier, voyant Ney avancer aussi rapidement par Dessau, rompt le pont et, par une marche de nuit, se retire avec tout ce qu'il a à Zerbst ét de là, les jours suivants, il poursuivra sa marche à grandes journées par Gœrzke à Potsdam pour prévenir l'ennemi qu'il croit en route pour Berlin.

Bernadotte n'a pas bougé. A l'armée de Blücher, Sacken passe la Saale et se met en arrière des deux autres corps qui restent à Halle; en outre 12,000 Russes, sous St-Priest, occupent Mersebourg, et de là on vient en contact direct, dans le dos même des Français, avec l'extrême gauche de Schwarzenberg.

Nous avions laissé l'armée principale des Alliés, le 4 octobre, en train de déboucher avec ses têtes de colonne de la Bohême en Saxe, dans la direction de Leipzig. Les jours suivants elle continue ce mouvement en se déplaçant toujours vers la gauche. Klenau et Gyulai sur la droite prennent par Chemnitz sur Penig; Wittgenstein, qui a Kleist sous ses ordres, marche par Zwickau sur Altenbourg; le reste de l'armée suit plus lentement, à l'exception de Colloredo qu'on laisse auprès de Benningsen. Dans le flanc gauche on détache la division légère de M. Lichtenstein, qui, avec les partisans de Thielmann, mettra obstacle le plus possible à Augereau dont on a appris la marche par Saalfeld sur Iéna.

Murat, de son côté, est resté d'abord dans sa position sur la Zschopau avec Victor et L'héritier à

Flœha, Lauriston à Mittweida, pendant que Poniatowski barrait le chemin direct de Leipzig à Altenbourg, étant placé à Frohbourg. Mais le 6 déjà Murat a affaire aux avant-gardes de Klenau et de Gyulai et le même jour l'avant-garde de Wittgenstein débouche sur Poniatowski. Le lendemain, 7 octobre, il reçoit un ordre de l'Empereur, expédié le matin du même jour de Dresde et lui enjoignant de se déplacer vers la droite pour se mettre entre l'ennemi et Leipzig. Ainsi, dans la nuit même, il conduit Lauriston et Victor sur Rochlitz, et le 8 il y concentre ces deux corps, cependant il lui faut déjà déloger de Penig des troupes de Klenau; Poniatowski est toujours à Frohbourg.

Mais là encore Murat ne peut songer à une résistance sérieuse puisque l'armée de Schwarzenberg, plus que le double de la sienne, continue toujours son mouvement en avant. Ainsi le 10 Murat marche en arrière par Priessnitz et Lausigk et prend une position derrière le ruisseau Jordans sur les hauteurs de Gestewitz, la droite appuyée sur la Pleisse à Klein-Zœssen.

Ce jour-là Wittgenstein est avec ses Russes à Borna, avec Kleist à Altenbourg et Frohbourg. Klenau est entre Frohbourg et Penig, le gros des Autrichiens, — Meerveldt, Gyulai, prince de Hesse, — à Penig, les gardes et réserves à Chemnitz. M. Lichtenstein et Thielmann étaient arrivés à Naumbourg, mais Augereau, le même jour en marche sur Weissenfels, les refoule énergiquement le lendemain sur Zeitz.

Le 11 octobre Wittgenstein est à Borna, la masse de l'armée à Altenbourg, Klenau à Frohbourg. Devant cette offensive formidable, Murat ne peut que reculer et il essaie de le faire aussi lentement que possible en prenant le 12 octobre une nouvelle position en avant de Wachau, la droite, Poniatowski, appuyée à la Pleisse vers Grœbern, le centre à Gülden-Gossa est formé par Victor ayant devant son front le village de Mægdeborn, la gauche, Lauriston, dépasse Stœrmthal; Marmont, arrivé à Stœtteritz, y est en réserve aux ordres de Murat. Wittgenstein a suivi l'armée française et ne la perd pas de vue.

Nous nous approchons ainsi de plus en plus de la grande crise qui va décider du sort de la campagne, mais déjà les chances de l'Empereur sont devenues très-faibles, la supériorité numérique des Alliés est marquée, et si des opinions divergentes les avaient empêchés jusqu'alors de réunir leurs masses pour un seul grand coup, maintenant la marche des opérations les a conduits presque à leur corps défendant vers un seul et même but; le contact est établi, et si une bataille s'engage, c'est avec toutes leurs forces réunies que les souverains alliés la donneront contre leur grand adversaire, et cette bataille, il ne depend plus de lui de l'accepter ou non. Dans la nuit du 11 au 12 octobre à Düben il s'écriait encore: «Je ne combattrai qu'autant que je le voudrai. Ils n'oseront jamais m'y attaquer.»[1] Il ne se trompait qu'à demi, car la volonté bien arrêtée de jouer le sort du monde dans une grande bataille, quelles qu'en fussent les chances, n'était pas au quartier général des souverains alliés; mais la nature

---

[1] Marmont, Mémoires.

même des choses devait les y forcer et, dans la situation critique de Napoléon, se tromper, ne fût-ce qu'à demi, signifiait se perdre.

A la date du 12 octobre, il ne restait plus rien à faire à l'Empereur que d'accourir sur Leipzig; s'il ne voulait pas le faire, il verrait alors écraser Murat par des forces triples, et Murat constituait un grand tiers de toute son armée en campagne. Mais s'il accourt pour combattre lui aussi avec toutes ses forces réunies, la proportion numérique pourtant sera à son désavantage et il n'y a guère à espérer une issue heureuse de la lutte.

Et cette bataille, s'il la perd, sera désastreuse, car à Leipzig, comme le dit si bien Marmont, il est «au fond d'un entonnoir» et ses adversaires se sont mis en possession de ses communications. Ils ont dans cette occasion tourné contre lui la stratégie terrible qu'il avait enseignée au monde et Leipzig deviendra la contre-partie de Iéna. Comme Napoléon avait su en 1806 mettre en mouvement une supériorité numérique écrasante, comme il l'avait dirigée sur les derrières et le flanc de l'adversaire, lui coupant par là d'avance toute possibilité d'éviter une lutte trop inégale, ainsi sept ans plus tard, jour pour jour, il se trouve dans la situation qu'il avait créée alors aux Prussiens. Et comme en 1806 il dirigeait sa masse, débouchant des monts de la Thuringe, dans le flanc de l'adversaire, tandis qu'une armée plus faible sous Davout est destinée à boucher l'issue vers Berlin, ainsi en 1813 Schwarzenberg avec l'armée principale débouche des monts de la Bohême dans le flanc de la position à Leipzig, tandis que Blücher l'a déjà tournée et se trouve à Halle prêt à barrer la route du Rhin. L'analogie est frappante et voilà la raison pour laquelle Napoléon, ayant combattu 5 mois sans perdre sérieusement du terrain, perd maintenant, toute l'Allemagne jusqu'au Rhin par une seule bataille. Voilà donc les situations stratégiques qu'il faut éviter soi-même, qu'il faut savoir créer à l'ennemi. La seule différence entre Iéna et Leipzig est que la première de ces batailles a été le résultat prévu d'un calcul stratégique, tandis que la seconde s'est quelque peu imposée à Schwarzenberg.

Mais comment se fait-il que les choses en soient venues là, si c'est Napoléon qui commande? D'abord nous avons fait voir qu'il a différé son départ de Dresde jusqu'au dernier moment, et certainement, sans cette perte de temps, il eût pu se soustraire encore aux étreintes des Alliés. Cependant il semble que cette possibilité existait même si nous nous en tenons à la date historique du départ de Dresde. Le 10, l'Empereur est à Düben. Jusque-là il n'a guère pu se mouvoir plus vite qu'il ne l'a fait. Mais c'est là que commence une manière de faire la guerre que nous ne sommes pas accoutumés à accoupler au nom de Napoléon. Il pousse en avant quelques corps pour avoir des nouvelles de l'adversaire, mais en général il ne bouge pas de sa place, tout chez lui devient incertitude et tergiversations; si auparavant il suivait un plan bien arrêté, convaincu que, s'il se portait avec ses masses sur le point le plus vulnérable de l'adversaire, il ne manquerait pas d'y rencontrer son armée, ici il ne veut pas agir avant d'être exactement renseigné sur les desseins de l'ennemi, ce à quoi l'on n'arrivera presque jamais à la guerre. Le cas présent nous fait comprendre ce qu'il y a de dangereux à ne vouloir prendre une résolution qu'en toute connaissance de cause. Bernadotte disparaît, Blücher se dérobe devant les Français et malgré des corps poussés jusqu'à l'Elbe et même au delà, malgré un séjour de quatre jours à Düben, Napoléon, à la fin du compte, se trompe quant à Bernadotte et n'a fait que perdre un temps irréparable au moment le plus critique de la campagne.

Ici encore l'analogie avec une campagne antérieure ne manque pas, nous voulons parler de 1809. Comme alors l'archiduc Charles perdait son temps sur le terrain entre l'Isar et le Danube, incapable de prendre résolûment un parti quelconque, ainsi Napoléon, en octobre 1813, perdit son temps entre la Mulde et l'Elbe, et comme en 1809 Davout ne se repliait pas derrière le Danube, mais par une marche hardie à la rencontre de l'armée française, longeait le front des Autrichiens, pendant que la masse de Napoléon accourait pour le dégager, ainsi en 1813 Blücher refusa de repasser l'Elbe et par une marche de flanc devant le front de Napoléon, cherchait la jonction avec Schwarzenberg qui arrivait de même pour le dégager.

Les quatre années depuis Ratisbonne avaient singulièrement vu changer Napoléon; ceux qui l'ont vu à Düben le dépeignent comme irrésolu et rêveur; au lieu de faire comme autrefois vingt lieues à cheval dans la journée pour tout voir de ses propres yeux, il s'enferme presque toujours dans sa chambre, et au lieu de donner des ordres, il consulte son entourage. Où est alors ce chef qui avait dit «qu'il ne connaissait que trois choses à la guerre: faire douze lieues par jour, combattre, et cantonner ensuite en repos.»[1]

Que le 11 octobre encore il eût pris une décision énergique, qu'il l'eût exécutée rapidement et les chances heureuses n'auraient pas manqué, soit qu'il se fût porté sur Grimma pour assaillir Schwarzenberg avec le concours de Murat, avant que les deux autres armées eussent pu le joindre, soit qu'attirant à lui Murat il eût exécuté son projet d'opération sur la rive droite de l'Elbe; mais, indécis, il perdit les journées et par là se perdit lui-même.

Ce n'est que le 13 vers midi qu'il dirige définitivement ses corps sur Leipzig. Il a appris alors que Bernadotte est à Bernbourg et que ce qui s'est rejeté au delà de l'Elbe n'a été qu'un corps ennemi. Le traité de Ried, conclu le 8 octobre et par lequel la Bavière passait du côté de ses ennemis, a-t-il été pour quelque chose dans la décision de Napoléon, c'est ce qui n'a pas pu être constaté; cependant il est peu probable qu'un événement aussi lointain ait pu l'influencer lorsqu'il disait lui-même que la bataille décisive aurait lieu le 15 ou le 16; ce qu'il en dit dans son bulletin du 15 octobre fait l'effet d'une raison qu'on a trouvée bonne après coup.

Le même jour (13 octobre) Wittgenstein, ayant sous ses ordres Kleist et Klenau, veut attaquer l'ennemi qu'il a devant lui et qu'il estime à environ 50,000 hommes. Les Russes et les Prussiens avanceront de front par Espenhayn, Klenau à la droite

____

[1] Jomini, Traité des grandes opérations militaires.

par Otterwisch. Mais, trouvant la position des Français très-forte, Wittgenstein suspend l'attaque de front pour attendre le mouvement tournant de Klenau. Celui-ci n'arrivant que tard, aucun engagement n'a plus lieu ce jour-là. Meerveldt arrive à Zeitz, le prince de Hesse, les gardes et réserves sont à Altenbourg, Gyulai à Mœlsen, Klenau atteint Pommsen.

Murat, ce jour-là, renvoie Marmont au delà de la Parthe pour couvrir la route de Halle; il a lui-même l'intention de se replier derrière ce cours d'eau, car il se croit très-menacé dans sa position actuelle. Mais l'aide-de-camp Gourgaud, envoyé par l'Empereur pour reconnaître le terrain au sud de Leipzig, annonce à Murat l'arrivée de l'Empereur pour le 14 et là-dessus Murat se contente d'évacuer dans la nuit les villages de Grœbern, Gülden-Gossa et Stœrmthal et de s'établir en arrière dans une position sur les hauteurs de Wachau.

Sur la Saale, Bernadotte, alarmé par le mouvement de Napoléon sur Wittenberg, veut repasser l'Elbe à Acken et cherche à entraîner Blücher en lui mandant que quatre corps ennemis ont filé par Wittenberg; mais ce dernier ajoute peu de foi à ce qui lui vient du quartier général de l'armée du Nord; une grande reconnaissance qu'il a ordonnée sur Leipzig lui apprend que l'ennemi y est encore en force et ainsi il ne bouge pas et, puisque le pont d'Acken se trouve être déjà détruit, force fut à Bernadotte de rester lui aussi sur la rive gauche de l'Elbe à Cœthen.

Le 13 encore un aide-de-camp, expédié par Blücher, arrive auprès de Schwarzenberg et le renseigne sur la position qu'ont les deux armées sur la Saale.

Schwarzenberg, qui n'avait pas été bien sûr si Bernadotte et même Blücher n'avaient pas repassé l'Elbe, fait alors parvenir à ce dernier une instruction portant qu'on veut avancer concentriquement, mais pas à pas, sur l'ennemi pour le comprimer dans les plaines à l'est de Leipzig, en gagnant jour par jour un peu de terrain. Mais le même jour l'influence du quartier général russe fait adopter une résolution plus énergique et c'est alors qu'on se décide définitivement à ne plus manœuvrer, mais à passer à l'attaque générale sur Leipzig.

Le 14 octobre, nous voyons du côté des Alliés Wittgenstein entreprendre avec 40,000 hommes la reconnaissance projetée déjà pour la veille; les Russes avancent par Grœbern et Gülden-Gossa, Klenau sur Liebertwolkwitz. Ce dernier village, défendu par Lauriston, après quelques vicissitudes reste définitivement aux Français. Sur cette même aile un grand choc de cavalerie a lieu et en général la balance penche du côté des Français; Wittgenstein replie ses troupes vers le soir et campe en face de l'ennemi ayant Kleist en réserve à Grœbern et Mægdeborn. Meerveldt et le prince de Hesse sont à Groitzsch, Gyulai à Muschwitz, M. Lichtenstein et Thielmann vers Lützen, les gardes et réserves à Meuselwitz.

Bernadotte reste à Cœthen. Blücher reste de même sur place; il apprend que de fortes masses ennemies marchent de Düben sur Leipzig.

L'Empereur, ayant quitté Düben à 7 heures du matin, arrive à midi à Leipzig; il reconnaît la localité et les environs, puis, le soir, établit son quartier général à Reudnitz. Son armée est en pleine marche sur Leipzig: Bertrand arrive à Eutritzsch pendant la nuit, Latour-Maubourg est échelonné sur Radefeld, Macdonald est à Gross- et Klein-Wœlkau, Souham en avant de Düben, la jeune garde atteint Widderitzsch et Marmont s'est établi à Lindenthal, le seul Reynier est encore en arrière repassant l'Elbe à Wittenberg.

CHAPITRE VIII.

Les journées de Leipzig. — Retraite de l'armée française. — Combat de Hanau. — Les Alliés marchent au Rhin. — Mouvements de Davout depuis l'armistice. — Conclusion.

Déjà, dans la nuit du 14 au 15 octobre, le général Langenau de l'état-major de Schwarzenberg avait élaboré à Pegau, pour la journée du 16, une disposition d'attaque qui portait en substance: Blücher attaquera Leipzig sur la grande route de Mersebourg, Gyulai avec M. Lichtenstein et Thielmann viendra de Markranstædt et sera sous ses ordres; Meerveldt, le prince de Hesse, les gardes et réserves se concentreront à Zwenckau et de là marcheront sur Leipzig, Wittgenstein et Klenau attaqueront l'ennemi qu'ils ont devant eux, tous ces corps s'ébranleront à 7 heures du matin. Ce plan cependant est vivement blâmé par les conseillers militaires du tsar Alexandre, Jomini et Toll; ils désapprouvent l'idée d'engouffrer tant de monde entre la Pleisse et l'Elster, où relativement très-peu de défenseurs, comme le 16 octobre du reste le prouvera. peuvent boucher le défilé de Connewitz et pendant ce temps l'Empereur, dont on a appris l'arrivée à Leipzig, pourra écraser tout ce qui sera sur la plaine à l'est de la Pleisse. Là-dessus le plan d'attaque est modifié en cela qu'on dirige les gardes et réserves sur la rive droite de la Pleisse à Rœtha où ces troupes resteront en réserve, mais l'idée de faire avancer sur Connewitz une forte partie de l'armée a été pourtant conservée.

Le soir du 15 Schwarzenberg voit ses troupes sur les points suivants: Gyulai à Lützen avec un détachement à Markranstædt, Meerveldt, le prince de Hesse, les gardes et réserves à Audigast, leur avant-garde à Zwenckau; Wittgenstein est avec les Russes à Stœrmthal, Gülden-Gossa et Grœbern, avec Kleist à Mægdeborn, avec Klenau à Pommsen; on a prescrit à ce dernier de bien veiller sur sa droite.

Ici il faut encore rappeler Benningsen qui avait été laissé avec Colloredo dans les anciennes positions de l'armée de Bohême au versant sud de l'Erzgebirge. Suivi de Colloredo, le général russe avait franchi la montagne et avait forcé St-Cyr à se replier avec ses 30,000 hommes sur les redoutes de Dresde. Mais le plan des souverains n'avait pas été de laisser cette armée à l'observation de la capitale saxonne, et ainsi, le 13, Benningsen, laissant devant cette ville un faible corps d'observation, marche à Wilsdruf et de là à Waldheim où il est le 15; le même jour Colloredo arrive à Penig après s'être ébranlé le 13 de Dippoldiswalde et avoir pris par Freyberg.

Blücher s'est mis en mouvement sur Leipzig. il a Yorck à Schkeuditz. Langeron à Kursdorf, Sacken en réserve à Gross-Kugel: sur la droite St-Priest est à Günthersdorf. Les avant-postes de Blücher viennent en contact avec l'ennemi, — Marmont. —

et constatent que de nombreuses colonnes sont sorties de Leipzig. La disposition d'attaque de Langenau est communiquée à Blücher, mais n'est pas agréée par celui-ci. Au lieu de se mettre sur la route de Mersebourg pour attaquer Lindenau, il résout de marcher droit devant lui sur Leipzig.

Bernadotte a mis le matin son armée en marche sur Halle; on lui mande du quartier général des souverains qu'une attaque générale aura lieu le 16 et qu'on compte sur sa coopération, néanmoins il arrête Bülow et les Suédois dans la ligne Wettin-Petersberg-Zœrbig et place Wintzingerode à Oppin, village sur la route de Zœrbig à Halle.

Le même jour, 15 octobre, l'armée française occupe les positions suivantes: Lauriston est à Liebertwolkwitz, Victor à Wachau, Poniatowski à Markkleeberg et Dœsen avec un crochet en arrière le long de la Pleisse par Dœlitz à Connewitz, la cavalerie polonaise, — le 4ᵐᵉ corps, — se tient sous Kellermann près de Dœsen, celle de Latour-Maubourg est à Zweinaundorf et les régiments de cavalerie amenés par Augereau sont, sous le commandement de Pajol, à Holzhausen, Augereau lui-même avec son corps est à Zuckelhausen, puis comme réserve générale près de Leipzig toutes les gardes sont à Reudnitz et Crottendorf. De l'autre côté de Leipzig Bertrand est à Eutritzsch, Marmont à Lindenthal prêt à s'opposer aux efforts de Blücher dont cependant on ne sait rien de précis; du corps de Souham deux divisions seulement, Brayer et Riccard arrivent à Mockau, la troisième, Delmas, est encore sur la route de Düben couvrant les bagages; enfin le général Margaron avec deux bataillons tient occupé le débouché de Lindenau.

Quant aux renforts à attendre, le corps de Macdonald est près de Taucha, Sébastiani y accourt en toute hâte, Reynier ce jour-là atteint Düben.

A dix heures, l'Empereur quitte son quartier général pour parcourir attentivement toutes les positions françaises; à la nuit tombante, il rentre à Reudnitz.

Le 16 octobre enfin la grande action finale s'engage. Tout ce que l'Empereur a alors sous la main à Leipzig ne s'élève pas à plus de 170,000 hommes; les Alliés disposent pour le combat d'environ 200,000 hommes. La disproportion numérique n'est pas bien forte, mais il faut, pour bien juger la situation, porter ses regards au delà du champ de bataille de Leipzig. Là nous verrons que tout ce que l'Empereur a encore à attendre en fait de renforts, ce sont les 14,000 hommes que lui amènera Reynier, tandis que les Alliés peuvent encore énumérer les 60,000 hommes de Bernadotte qui, toujours le même, s'est tenu à une telle distance qu'il ne peut plus, ce jour-là, participer à la lutte, et puis Benningsen avec Colloredo, environ 65,000 hommes. Si les Alliés avaient opéré plus résolûment leur concentration sur Leipzig, ils eussent pu avoir cette supériorité dès le 16, et si Napoléon ce jour-là, quoique n'ayant en tout qu'un peu plus de la moitié des forces ennemies, combat ses adversaires presque à forces égales, c'est qu'il a mieux su son métier qu'eux.

Le matin du 16 octobre l'Empereur, qui par les rapports de Marmont du 15 a été confirmé dans son opinion qu'une attaque sérieuse n'aura pas lieu sur la route de Halle, ordonne à Ney, qui commande toutes les forces au nord de la Parthe, d'acheminer le corps de Marmont sur Liebertwolkwitz. Mais, lors-

que vers neuf heures Marmont s'est mis en mouvement pour exécuter cet ordre, il voit bientôt après
l'ennemi avancer sur lui; d'abord il veut néanmoins
obtempérer à l'ordre de Napoléon, mais vers onze
heures il doit se mettre en bataille. Ney en attendant a envoyé, — environ 10 heures, — Bertrand
prendre la direction de Liebertwolkwitz. Celui-ci
cependant, pressé par Arrighi qui, chargé de la défense de Leipzig, voit le danger dont le poste de
Lindenau est menacé, s'y porte et nous le verrons y
combattre toute la journée contre Gyulai.

L'Empereur lui-même quitte Reudnitz à 9 heures
du matin et, immédiatement après, arrive sur le som-
met du Galgenberg, la tête de colonne des gardes
atteint en même temps Liebertwolkwitz. Ce jour-là
il y a trois champs de bataille bien distincts: celui
de Wachau où la force principale de Schwarzenberg
combat contre l'Empereur lui-même, celui de Lindenau où il y a un duel entre Bertrand et Gyulai et
celui au nord de l'Elster où l'armée de Blücher assaillit le corps de Marmont.

Commençons par l'engagement principal. Schwarzenberg avait disposé la réserve autrichienne sous le
prince de Hesse à Zœbigker et le corps de Meerveldt à Zwenckau, ils marcheront. 30,000 hommes,
sur la grande route à Leipzig, s'emparant de Connewitz. Sur la rive droite de la Pleisse Barclay aura
le commandement en chef de toutes les troupes. Il
y a là en première ligne, sous Wittgenstein 64,000
hommes, Autrichiens, Prussiens et Russes qui forment
une aile gauche sous Kleist à Grœbern, un centre
sous le prince de Würtemberg à Gülden-Gossa et

Stœrmthal et une aile droite sous Klenau à Gross-Pœssna; en seconde ligne, à Rœtha, il y a les gardes et réserves, 20,000 hommes. Ce que l'Empereur oppose à Schwarzenberg et Barclay doit être évalué à 115,000 hommes.

Vers neuf heures, le combat s'engage; Kleist avance contre Markkleeberg, s'empare d'abord du village, mais en est de nouveau délogé et cette localité devient l'objet d'une lutte sanglante; Würtemberg enlève Wachau et Klenau Liebertwolkwitz, mais ils ne peuvent y tenir.

Entre onze heures et midi l'Empereur, qui se tient toujours sur le Galgenberg près de Wachau, voyant le décousu des attaques de l'ennemi et ayant maintenant ses corps sous la main, disponibles à un prompt usage, résout de passer à l'offensive. Voyons en ce moment sa position: Poniatowski possède encore Markkleeberg et défend la Pleisse contre Schwarzenberg, il a alors reçu un soutien par l'arrivée d'Augereau à Dœsen. Victor défend Wachau, Lauriston Liebertwolkwitz, Mortier et Oudinot sont en arrière de Liebertwolkwitz, la vieille garde est près du Galgenberg. Macdonald est arrivé à Holzhausen. Une grande batterie de 150 canons vient d'être établie par Drouot entre Wachau et Liebertwolkwitz. La cavalerie réunie, — à l'exception de Sébastiani qui sur l'extrême gauche marche sur Klein-Pœssna, — est sous Murat en arrière du centre de la ligne. L'idée de l'Empereur est d'enfoncer le centre des Alliés à Gülden-Gossa, à l'aide aussi de cette masse de chevaux, et puis d'envelopper leur droite en avançant de front et en les tournant par Seiffertshayn et le bois de l'Université.

Ainsi un mouvement général en avant est imprimé à la ligne française; Macdonald, après avoir emporté la colline du Colmberg, avance sur Seiffertshayn; Mortier pénètre entre cette colline et Liebertwolkwitz et se tourne contre le bois de Niederholz; Lauriston avance de Liebertwolkwitz et s'attaque de front à Klenau; Victor, soutenu par Oudinot qui a été envoyé à Wachau, se tourne contre la bergerie Auenhayn; Augereau se dirige par Markkleeberg sur Crostewitz.

Nous voyons que la ligne de bataille des Alliés est sérieusement menacée et nous nous convainquons que la faute en est à la disposition de Schwarzenberg paralysant les 30,000 Autrichiens du prince de Hesse et de Meerveldt entre l'Elster et la Pleisse. Là Meerveldt avait échoué dans tous ses essais contre le poste de Connewitz; le château de Dœlitz, situé sur la rive gauche de la Pleisse, a été emporté, mais là encore on trouve impossible de franchir la rivière. Enfin Schwarzenberg cède, — vers onze heures, — à une missive du tsar Alexandre et envoie la réserve autrichienne sous le prince de Hesse prendre part au combat sur l'autre rive de la Pleisse la dirigeant sur Grœbern.

Mais avant qu'elle n'arrive, Victor a enlevé vers deux heures la bergerie Auenhayn et Oudinot se tourne contre Grœbern; sur la gauche des Français, Klenau a dû céder devant Mortier et Macdonald; au centre Gülden-Gossa, où les gardes et réserves des Alliés sont entrées au combat, est maintenu contre les efforts de Lauriston.

Alors, vers trois heures, l'Empereur lance de Wachau sur le centre ennemi une masse formidable de cavalerie sous Murat, ce sont Latour-Maubourg, Kellermann et une partie des régiments de Pajol. Elle pousse droit sur Gülden-Gossa, dépasse le village, mais alors leur élan expire.

Immédiatement après, les réserves autrichiennes entrent en ligne. Kleist, dont la troupe est très-éprouvée, est relevé vers 4 heures par une division des Autrichiens. Cette troupe fraîche réussit à s'emparer de la partie méridionale de Markkleeberg, mais l'autre moitié reste définitivement à Augereau. Sur la Pleisse, Meerveldt force le soir le passage à Dœlitz, cependant sa troupe est promptement refoulée et lui-même est fait prisonnier. Victor, après s'être défendu opiniâtrément dans l'enclos résistant de la bergerie Auenhayn, la perd vers 5 heures contre une division de la réserve autrichienne; le soir, il est avec Oudinot près de Wachau. Macdonald s'est emparé vers 5 heures de Seiffertshayn, mais il ne peut garder ce village; pourtant il maintient jusqu'à la nuit sur la défensive son adversaire, Klenau, celui-ci, établi dans la ligne Gross-Pœssna—Fuchshayn, fait cependant bonne contenance.

En général, il faut reconnaître que, si les maréchaux napoléoniens n'ont pas excellé dans les grandes combinaisons de la guerre, ils ont été remarquables dans la conduite des combats, et quant à la troupe, nous ne pouvons passer sous silence la grande habileté avec laquelle elle maniait le combat de village. De nos jours encore, la campagne de 1870 a constaté que, sous ce rapport, un talent naturel distingue le soldat français, et en 1813, Connewitz, Markkleeberg, la bergerie Auenhayn, puis, comme nous verrons, Lindenau et Mœckern, sont là pour le prouver et, le 18 octobre, Probsthayda viendra encore s'y ajouter.

En résumé, de part et d'autre sur cette partie de l'arène, il n'y a guère à constater un gain de terrain.

Pendant que ce combat avait lieu sur les deux rives de la Pleisse, Gyulai, qui avec M. Lichtenstein et Thielmann compte à peu près 22,000 hommes, s'ébranle le matin à Markranstaedt et débouche en trois colonnes sur Bertrand qui, moins de 15,000 hommes, s'est bien retranché à Lindenau et occupe Leutzsch et Plagwitz. La première des colonnes de Gyulai s'empare de Leutzsch, mais échoue contre Lindenau, l'autre entre vers une heure à Plagwitz et à deux heures même dans la lisière sud de Lindenau. Mais sur un ordre strict de l'Empereur, qui veut à tout prix rester maître de ce village, Bertrand fait de grands efforts et réussit à déloger de nouveau l'ennemi et à le refouler au delà de Plagwitz. La troisième colonne de Gyulai, formant la gauche, entretient surtout la communication avec Blücher.

Celui-ci, à six heures du matin, a poussé en avant sa cavalerie pour s'instruire sur la position de l'ennemi. Il apprend par elle que les villages de Lindenthal et de Radefeld sont fortement occupés et en conclut que la position principale des Français est dans la plaine de Breitenfeld. Cependant en réalité il n'y a là que des postes avancés.

Marmont, comme nous avons vu plus haut, s'était d'abord mis en mouvement pour se rendre, selon l'ordre de l'Empereur, au sud de Leipzig; puis, s'apercevant de l'offensive de Blücher, il se place dans la ligne Mœckern—Eutritzsch, sa droite est couverte par la division Dombrowski détachée depuis la réouverture de la campagne du corps polonais; elle arrive à midi et occupe les villages de Gross- et Klein-Widderitzsch; tout ceci ne fait pas plus de 28,000 hommes.

Dans cette position, Marmont compte être soutenu par Souham, mais Ney, n'ayant pu envoyer à Napoléon ni Marmont, ni Bertrand, achemine maintenant les deux divisions de Souham, 12,000 hommes, par Schœnfeld sur le champ de bataille de l'Empereur. Cependant avant d'entrer en action elles sont de nouveau renvoyées à Marmont par l'Empereur, alors mieux éclairé sur la réalité du danger de ce côté; mais les soldats de Souham n'arriveront plus à temps pour conjurer l'insuccès de leurs camarades du 6me corps.

Blücher avait ordonné à Langeron de pousser par Freyroda sur Radefeld, Sacken le suivra, Yorck avancera sur la grande route Schkeuditz—Leipzig et à Lützschena prendra à gauche pour attaquer Lindenthal. A midi et demi, l'armée de Silésie, 60,000 hommes, arrive en face de l'ennemi. Langeron déloge facilement la faible troupe ennemie de Freyroda et de Radefeld, puis il marche par Breitenfeld sur Gross- et Klein-Widderitzsch. L'avant-garde de Yorck ne trouve de même pas trop de résistance à Lindenthal, on s'aperçoit que l'ennemi se masse entre Eutritzsch et Mœckern.

C'est à Mœckern que se concentre la résistance des Français pendant le reste de la journée, et c'est sur ce village que se dirigent les efforts de Yorck. La division Lagrange défend le village, elle est bientôt soutenue par les deux autres divisions de Marmont. Depuis deux heures, Yorck s'acharne contre cette localité qui à différentes reprises et sous d'énormes pertes est prise et perdue par les deux adversaires. Enfin le soir, vers cinq heures, Yorck, faisant entrer en ligne sa dernière réserve, se rend par un suprême effort de toutes ses forces réunies définitivement maître de Mœckern dont les défenseurs, cruellement éprouvés, sont refoulés sur Gohlis et Eutritzsch. Sacken, envoyé comme renfort à Yorck qui en a vivement demandé, ne peut plus arriver à temps de Radefeld et campe la nuit en arrière des Prussiens.

Sur l'aile droite des Français Dombrowski avait d'abord perdu les villages Widderitzsch contre Langeron, mais à deux heures arrive de Düben la division Delmas du 3me corps; elle entre au combat et arrache de nouveau les villages aux Russes; Langeron cependant les reprend, mais, alarmé par cette apparition de troupes du côté de Düben, ne va pas au delà.

Ce jour-là Benningsen fait une marche forcée et, arrive à Grimma pendant la nuit, Colloredo atteint Borna le soir à 10 heures; leur marche a été hâtée par un ordre venu du quartier général.

Bernadotte marche de Halle à Landsberg.

Les grands renforts que les Alliés avaient à attendre et toute sa situation dangereuse auraient pu et dû amener l'Empereur à profiter de l'issue assez favorable de cette journée pour battre en retraite le lendemain dès la pointe du jour afin de se mettre en sûreté derrière la Saale. Puisque, grâce à la brave résistance de Bertrand, Lindenau était encore dans ses mains de même que les passages de la Pleisse, en laissant une forte arrière-garde contre Schwarzenberg, l'armée française aurait pu filer sans être trop harcelée et les 20,000 hommes de Gyulai en face de

Lindenau n'auraient pas pu empêcher un mouvement résolu.

Mais l'Empereur en juge autrement; il fait ravitailler sa troupe en vivres et munitions, lui donne du repos et s'apprête à recevoir le lendemain la bataille. Que sa résolution ait été guidée en cela par des motifs politiques faciles à deviner et non par des considérations militaires il n'y a guère à en douter, son coup d'œil militaire était trop pénétrant pour pouvoir se tromper ici où la situation n'avait plus rien de caché. Pour nous cependant, il ne s'agit que d'envisager le côté militaire de la situation et, sous ce point de vue, le 17 octobre 1813 présente une fatale ressemblance avec une autre date du 17, importante pour l'histoire de l'armée française, nous voulons dire le 17 août 1870. Là aussi, au lieu de marcher en toute hâte pour se soustraire aux étreintes d'un adversaire qui a déjà atteint sa ligne de retraite, le général français reste sur place et laisse faire. Peut-être la postérité saura-t-elle plus exactement ce qui a pu amener Bazaine à cette manière d'agir ou plutôt de ne pas agir. Aujourd'hui, il paraît que réellement il n'a pas su pénétrer tout le danger de sa situation; la raison principale qu'il nous donne n'est pas suffisante: « Obligation avant de continuer la marche en avant d'aligner les vivres et de remplacer les munitions consommées principalement en projectiles de quatre. »[1]

Quoiqu'il en soit, le 18 août a décidé du sort de

[1] Rapport sommaire sur les opérations de l'armée du Rhin, par le maréchal Bazaine.

Bazaine et le 18 octobre a écrasé Napoléon. Si le premier des deux a échappé pour le moment au sort d'une défaite signalée, c'est qu'il avait dans son dos une grande forteresse, tandis que Leipzig était ville ouverte. Mettons qu'elle ait été ville forte, le grand capitaine s'y serait-il enfermé bien que, depuis Marcellus sortant de Nola en 216 av. J. C., il n'y ait plus eu d'exemple d'une armée enfermée dans une forteresse et se délivrant de sa propre force, tandis qu'il y a beaucoup d'exemples d'armées capitulant avec une forteresse? On ne saurait y répondre d'une manière positive, mais il sera permis d'établir cette hypothèse et, pour l'intérêt de l'art, nous pouvons regretter que la situation n'ait pas été telle.

Pendant la nuit du 16 au 17, Marmont se retire sur la rive gauche de la Parthe à Schœnfeld; Dombrowski, se repliant entièrement sur la lisière de Leipzig, s'établit à Pfaffendorf et Delmas occupe Gohlis et Eutritzsch.

Blücher, pendant la matinée du 17, fait avancer Langeron contre Eutritzsch que l'ennemi évacue; Sacken, ayant relevé en première ligne le corps de Yorck qui a beaucoup souffert par le combat de Mœckern, attaque Gohlis qui est défendu avec ténacité, enfin les Français sont rejetés dans le faubourg de Leipzig. Blücher suspend alors le combat, car Schwarzenberg lui a mandé que l'assaut général sur la position de Napoléon n'aura lieu que le lendemain.

De l'armée de Bernadotte Wintzingerode a poussé jusqu'à Taucha, avec 5000 chevaux il en est bientôt cependant chassé par l'arrivée de Reynier; vers 4 heures de l'après-midi, le corps de ce dernier s'établit à Paunsdorf. Bernadotte, qui arrive enfin lui-même avec son armée à Breitenfeld, demande que, pour la bataille du lendemain, Blücher reprenne dans l'ordre de bataille la place qu'il avait eue avant le 10 octobre, c'est-à-dire à la gauche de l'armée du Nord, puis il désire une entrevue avec le général prussien. Blücher lui refuse l'un et l'autre.

Au quartier général des souverains alliés, on avait d'abord eu l'idée de continuer la bataille le 17 au matin, car on croit que les renforts qu'amènent Benningsen et Colloredo pourront alors entrer en ligne. Mais comme les troupes de celui-ci, atteignant Markkleeberg à 11 heures du matin, sont extrêmement fatiguées et que celui-là n'arrive que l'après-midi à Fuchshayn, on remet la bataille décisive au lendemain et l'on avertit Blücher et Bernadotte. Le chiffre des Coalisés avec tous ces renforts, dépassera 300,000 hommes à la bataille du 18.

Napoléon, toute la journée du 17, n'est presque pas sorti de sa tente; vers la soirée cependant il donne les premiers ordres par rapport à la retraite inévitable, mais alors même il n'a pas soin de faire construire un grand nombre de ponts et d'autres moyens de passage sur l'Elster.

Le 18, à 2 heures du matin, il fait sortir les troupes de leurs bivouacs et leur fait prendre une position plus resserrée sur Leipzig. Lui-même monte en voiture et se rend dans cette ville; là, après avoir conféré avec Ney à Reudnitz, il prend Bertrand qui y a couché et se rend avec lui vers 5 heures à Lindenau. Il lui donne l'ordre de marcher à Weissenfels, inspecte le poste de Lindenau et à 8 heures est de retour à Stœtteritz.

La position que son armée occupe alors est la

suivante: Poniatowski est à Dœlitz-Connewitz défendant la Pleisse, Augereau s'étend de Dœsen aux étangs de Lœssnig, Victor tient Probsthayda et à l'ouest du village l'artillerie de Drouot est en batterie; en arrière d'Augereau, il y a en deuxième ligne la cavalerie de Kellermann et à la gauche d'elle Oudinot, puis en arrière de Victor le corps de cavalerie Bordesoult (Latour-Maubourg est blessé) et les régiments de Pajol (lui-même est blessé aussi). Tout ceci forme l'aile droite et se trouve sous le commandement de Murat. A gauche, il y a Macdonald dans la ligne Zuckelhausen-Holzhausen, ayant à gauche en arrière Sébastiani et en deuxième ligne Lauriston. Comme réserve générale, la vieille garde est établie près de Thonberg; là, près d'un moulin à tabac, est aussi le feu de bivouac de l'Empereur qui y étudie ses cartes et donne ses ordres. Enfin Mortier a été envoyé remplacer Bertrand à Lindenau.

Au nord, nous voyons Marmont à Schœnfeld, Dombrowski à la métairie Pfaffendorf, Reynier à Paunsdorf tenant occupé Taucha, le corps de Souham est en réserve près de Leipzig, le 3me corps de cavalerie est réparti entre ces corps d'armée.

Schwarzenberg a disposé ses forces en trois colonnes: 1° le prince de Hesse, 50,000 hommes, avancera de Markkleeberg le long de la rive gauche contre Connewitz; 2° Barclay 60,000 hommes, avancera sur les grandes routes de Wachau et de Liebertwolkwitz sur Probsthayda; 3° Benningsen, 65,000 hommes, avancera de Seiffertshayn contre Zuckelhausen et Holzhausen. Puis il y a encore Gyulai qui, avec ses 20,000 hommes, attaquera de nouveau Lindenau.

Quant aux deux autres armées de la coalition,

Blücher, au petit jour du 18, a cédé à une invitation renouvelée de Bernadotte et un entretien a lieu à Breitenfeld; là, comme Bernadotte soutient ne pas pouvoir passer la Parthe sans être renforcé de 30,000 hommes, l'autre lui fait la concession de tout le corps de Langeron qui par conséquent combattra sous les ordres de Bernadotte. Ainsi ce dernier passera la Parthe à Taucha avec 90,000 hommes pour s'abattre sur Leipzig; Blücher, n'ayant plus que 25,000 hommes, le dégagera en attaquant de son côté le faubourg de Leipzig.

A 7 heures du matin, Schwarzenberg donne le signal de l'attaque et c'est alors que s'engage cette bataille de Leipzig, où pour la première fois dans sa carrière on trouvera Napoléon, comme le dit le général Willisen, dans la défensive tant stratégique que tactique, situation qu'il condamne avec raison et dont on a vu de nos jours une répétition exacte à Sadowa.

Pour nous faire une idée du grand combat, nous allons suivre les différentes colonnes.

Le prince de Hesse trouve une vive résistance à Dœlitz et à Dœsen et ce n'est qu'avec peine qu'il maintient la situation, enfin il réussit à s'emparer de ces villages, puis même de Lœssnig tandis que Connewitz reste aux Français.

Barclay refoule facilement l'ennemi au delà de Liebertwolkwitz, Wachau même n'est plus occupé; vers dix heures, il prend la bergerie Meusdorf, puis il se tourne contre Probsthayda; à deux heures, il donne le premier assaut au village, mais il échoue et les tentatives qui se suivent pendant tout l'après-midi éprouvent le même sort, enfin on y renonce.

Victor qui s'est si vaillamment battu à Probsthayda y fut appuyé par Lauriston.

Benningsen s'empare de Zuckelhausen et, après un combat sérieux, de Holzhausen, mais il échoue contre Stœtteritz. Pour chercher la jonction avec l'armée du Nord, il se prolonge vers la droite jusqu'à la grande route de Wurzen; là il prend Baalsdorf et Zweinaundorf, puis, ayant établi le contact avec Bernadotte, il s'empare encore de Mœlkau et de Paunsdorf vers trois heures, avec le concours de Bülow.

Bernadotte arrivé à midi devant Taucha y trouve une résistance opiniâtre, mais enfin, ayant tourné le village, il le prend, puis c'est Paunsdorf, comme nous venons de le dire, qui est pris. Langeron avance sur Schœnfeld. Ney alors replie sa droite et s'établit dans la ligne Schœnfeld—Sellerhausen—Stüntz; un vif combat s'engage au premier de ces villages, les retours offensifs que Ney entreprend de sa position n'ont pas d'effet et même le soir à six heures il perd les villages; cependant l'ennemi ne peut aller au delà et les Français se maintiennent en avant de la lisière de Leipzig.

Blücher bataille avec Dombrowski et le refoule entièrement sur la barrière de Leipzig.

Gyulai reçoit encore le choc de Bertrand en marche sur Weissenfels, il perd du monde et doit laisser la route libre au général français, ses seules troupes légères le suivent et l'observent; le soir Gyulai est à Knauthayn, Bertrand arrive à Lützen et son avant-garde atteint même déjà Weissenfels.

A quatre heures de l'après-midi, Schwarzenberg annonce aux monarques qui sont sur une colline près de Meusdorf, que les colonnes ennemies se mettent en retraite et que la bataille est gagnée. En effet, vers ce temps là, l'Empereur avait reconnu l'impossibilité d'une plus longue résistance et avait autorisé ses lieutenants à engager la retraite. Lui-même couche la nuit à Leipzig où il arrive très-fatigué à 7 heures du soir.

Pourtant les Alliés n'avaient point encore gagné l'entière conviction d'avoir remporté une victoire pleine et décisive et en cela encore Leipzig ressemble à Sadowa. On n'est pas bien sûr si définitivement Napoléon va se retirer et on penche plutôt vers l'avis que le lendemain la bataille sera renouvelée. Avec la supériorité énorme du nombre qu'on avait, ce doute n'aurait pas dû subsister, mais il semble qu'on n'a pas bien fait agir tout ce qu'on avait sur place.

Dans ces conditions, on ne pensa naturellement pas à préparer une poursuite prompte et énergique; le seul Blücher s'en occupe, et ainsi à 9 heures du soir Yorck s'ébranle et, marchant toute la nuit, arrive à Halle à 7 heures du matin.

Pendant cette même nuit l'armée française s'est repliée sur la ville même de Leipzig et le 19 au petit jour commence la retraite difficile, car il faut que tout s'écoule par le seul défilé de Lindenau. L'opération est couverte par les corps de Lauriston, Poniatowski et Macdonald qui, en guise d'arrière-garde, défendent l'accès de la ville de Leipzig.

L'armée alliée avance de tous les côtés contre la ville, partout le combat s'engage, à droite et à gauche les tirailleurs entrent dans les faubourgs; bientôt il y en a tout près du pont de l'Elster. Vers deux heures de l'après-midi, par l'erreur d'un subordonné, le grand pont saute coupant ainsi aux soldats de

Lauriston, Reynier et Poniatowski la possibilité de
la retraite. Alors le désarroi devient énorme et de
ces corps il n'y a que de faibles débris qui réussissent à se sauver. C'est à peu près vers le même
temps que les Alliés ordonnent l'assaut contre la ville
et s'en emparent. Le reste du jour chez les vainqueurs se passe en congratulations, en une revue des
Suédois de Bernadotte et au rétablissement de l'ordre
tactique. Le soir toute l'armée est autour de Leipzig, à l'exception de Barclay, qui avec les réserves
russes est allé à Pegau, et de Blücher qui s'est mis
à Schkeuditz; Yorck est à Halle et Mersebourg.

Puisqu'il n'y a pas de poursuite, l'Empereur n'a
pas eu besoin de courir loin. Il couche la nuit à
Markranstædt, son armée est échelonnée autour de lui
jusque vers Weissenfels; cette ville est occupée par
Bertrand qui à cet effet, comme nous savons, a pris
les devants; Oudinot fait l'arrière-garde, il est près
de Lindenau. Le 20 octobre, l'Empereur prolonge
la retraite sur Freibourg. Bertrand atteint cette ville,
le gros de l'armée arrive à Weissenfels.

Quant aux Alliés, Bernadotte est acheminé à desti-
nation de Cassel, Blücher le 20 est à Lützen. Yorck
marche contre la route de Mersebourg à Freibourg et
l'atteint à Frankleben et Reichertswerben; la grande
armée de Schwarzenberg arrive à peu près dans la
ligne Naumbourg—Zeitz, un petit détachement est au
pont de Cœsen.

Il est clair que, si des masses sérieuses débou-
chaient de ce pont, elles prendraient l'armée française
en flagrant délit pendant sa retraite; ainsi le 21,
selon l'ordre de Napoléon, Bertrand vient se placer
sur les hauteurs de Neu-Cœsen et tout le jour em-

pêche que rien ne débouche du pont de la Saale. Couverte de cette manière, l'armée française, qui compte environ 80 à 90,000 combattants, défile par Freibourg, passant l'Unstrut, et atteint Eckartsberga. Elle est cependant quelque peu inquiétée sur sa gauche par Yorck qui a poussé jusqu'à Freibourg mais qui est trop faible pour lui causer de sérieux dommages. Schwarzenberg tient sa droite toujours à Naumbourg et au pont de Cœsen, sa gauche est à Eisenberg, Blücher jette un pont à Weissenfels et pousse sa tête sur Freibourg.

Le 22 l'Empereur, laissant une arrière-garde à Eckartsberga, marche à Buttelstædt, de sa personne il couche la nuit à Ollendorf. Le matin de ce jour Blücher est arrivé à Freibourg et y a rallié Yorck; les ponts sur l'Unstrut sont détruits et leur rétablissement prendra du temps, le général prussien croit que Napoléon en profitera pour faire halte à Erfurt afin d'y tenter une nouvelle résistance; il veut donc, pour l'engager à prolonger sa retraite, le tourner dans sa gauche par Langensalza sur Eisenach. Schwarzenberg est ce jour-là à Neu-Cœsen—Iena, la division légère Bubna poussée en avant à Weimar. A minuit déjà Napoléon continue sa marche et arrive le matin du 23 octobre à 3 heures et demie à Erfurt.

Mais le plan d'y faire volte-face qu'on lui suppose n'est plus possible. Déjà l'armée austro-bavaroise, qui s'est formée par suite du traité de Ried, avance sous les ordres de Wrede par Ansbach et Napoléon voit qu'il faut se hâter pour arriver à Mayence; il marchera donc laissant de côté toute idée de s'opposer aux Alliés. Ainsi il prend sa route par Gotha à Eisenach, côtoyé par Blücher qui va par Sœmmerda—Tennstædt—Langensalza; la cavalerie de Blücher atteint encore la colonne française au mont du Hœrselberg, mais, l'infanterie n'ayant pu suivre aussi vite, elle doit se contenter d'une canonnade.

Pendant ce temps Schwarzenberg, qui croit toujours trouver Napoléon en bataille à Erfurt, avance avec beaucoup de précaution et tient ses corps concentrés; le 26, jour où Napoléon est à Eisenach, il est massé au sud d'Erfurt et observe de front la ville, le seul Wittgenstein l'a dépassée de quatre lieues; il avait formé un corps spécial d'avant-garde par ordre du tsar Alexandre qui était mécontent des lents progrès de Schwarzenberg.

A Eisenach, l'Empereur a tourné les montagnes de la forêt de Thuringe et il prend maintenant la route du sud-ouest directement sur Mayence par Vach—Fulda—Schlüchtern. Blücher se tourne de même vers le sud et se met sur ses traces. Mais bientôt il reçoit l'ordre d'aller sur Giessen—Wetzlar, car Schwarzenberg n'a plus aucun espoir de pouvoir regagner le contact avec la colonne française et ainsi il ne compte plus que sur l'action de Wrede. Si Napoléon, par l'apparition des Austro-Bavarois, se voyait forcé de dévier sur Coblence, Blücher alors pourrait lui couper le chemin, voilà le calcul de Schwarzenberg qui lui-même traverse la forêt de Thuringe et marche paisiblement sur Francfort.

La retraite des Français après Leipzig, bien qu'elle fût engagée sous les auspices les moins favorables, s'effectue sans que l'armée soit sérieusement entamée, et cette singularité ici nous frappe d'autant plus que l'opération qui avait conduit les Alliés sur les champs de Leipzig avait été un mouvement concentrique. Cependant le but suprême et l'avantage spécial d'une telle opération consiste justement en cela qu'elle nous donne sur le champ de bataille, une fois qu'elle a réussi, la possibilité de couper toute retraite à l'ennemi; le couronnement correct d'une opération sur lignes convergentes sera toujours un succès comme Ulm et Sedan. Mais précisément ces deux grands événements, qui résultèrent de lignes d'opérations simples menant dans le flanc de l'adversaire, démontrent qu'on n'a pas besoin d'une opération concentrique, risquée après tout, pour obtenir le résultat le plus complet imaginable. Cependant, lorsque cette opération a réussi, exploitons l'avantage énorme qu'elle nous donne, inspirons-nous de l'exemple de Sedan, évitons l'issue de Leipzig. On peut, en voyant la manière surprenante d'agir ou plutôt l'inaction des Alliés, répéter mot à mot ce que Jomini a dit des suites de la bataille de Kunersdorf: « La dissension se mit entre eux dans la suite, c'est un défaut attaché aux coalitions qui n'ont pas un chef, » et nous nous convainquons qu'ils oublient « qu'on ne doit pas livrer une bataille simplement pour la gagner, mais bien pour achever l'anéantissement des corps organisés de l'ennemi. » [1]

Un seul obstacle menaçait d'entraver encore la retraite des Français, c'était l'armée de Wrede. Cette armée est composée des Autrichiens et des Bavarois qui, ennemis jusqu'au traité de Ried, mais ennemis pour ainsi dire à l'état latent, avaient été en présence sur les bords de l'Inn. Elle s'ébranle, 56,000 hommes

------

[1] Histoire critique des campagnes de Frédéric II.

avec 116 canons, le 17 octobre de Braunau sur l'Inn. le 22 on a la nouvelle de Leipzig. Mais Wrede perd trois journées à prendre Würzbourg et puis il n'a pas bien soin de masser toutes ses forces sur la ligne de retraite des Français. ainsi le 29 octobre il n'a en position à Hanau que 40.000 hommes qui ont devant leur front les grands bois Lamboi et Bulau, une avant-garde se tient au delà des bois à Rückingen.

L'Empereur arrive à 7 heures du soir à Langenselbold; Macdonald y arrive pendant la nuit avec ce qui est resté des 5me et 11me corps: Victor et Augereau sont vers Gelnhausen, Marmont à Saalmünster; ce dernier y est rejoint pendant la nuit par Bertrand; Oudinot et Mortier sont encore en arrière à Steinau et Flieden.

Le 30 octobre, à 8 heures du matin, Macdonald débouche sur l'avant-garde de Wrede et la culbute dans la forêt, mais, avançant par la forêt. il trouve l'ennemi en position et doit reculer devant une grande batterie. Alors l'Empereur ordonne à Macdonald et Victor de contenir la droite ennemie pendant qu'il masse sa cavalerie sur la grande route et que Drouot établit contre la gauche ennemie une batterie de 50 canons. Une charge de cavalerie que Wrede fait exécuter vers trois heures sur cette batterie est ramenée par la cavalerie française; une heure plus tard pareille scène se renouvelle et, vers cinq heures, Wrede, voyant qu'une offensive générale dés Français se prononce et que sa gauche ne peut plus soutenir les feux de la grande batterie, se résigne à la retraite. Les Français pressent et refoulent l'ennemi au delà de la Kinzig et du pont Lamboi tandis que l'aile gauche est rejetée dans la ville de Hanau. Cependant le soir, Hanau et les passages de la Kinzig, sont encore entre les mains de Wrede. La ville est bombardée et évacuée pendant la nuit.

Le lendemain, Napoléon poursuit sa marche, laissant à Hanau Marmont avec les 3me, 4me et 6me corps pour contenir Wrede qui a appuyé sa droite à la Kinzig, sa gauche au Mein. A 3 heures de l'après-midi, Marmont suit l'armée sur Francfort, laissant Bertrand en arrière-garde à Hanau; celui-ci, vivement attaqué, se maintient jusqu'à 7 heures du soir, puis, incendiant le faubourg et le pont, il s'en va. La retraite de l'armée française et de tous les impedimenta au delà du Rhin est assurée.

Le 2 novembre au matin, l'Empereur arrive à Mayence; le 7 à 10 heures du soir, il part pour Paris.

Cette rencontre de Hanau, douze jours après la bataille de Leipzig, vint découvrir aux Alliés toute la gravité de la faute commise. Napoléon, dégagé de toute poursuite, a pu, malgré une retraite non interrompue, rendre à son armée assez de solidité pour qu'elle pût passer sur le corps des 40,000 hommes que Wrede, un peu tard, il est vrai, mais du reste tout à fait correctement, avait placé en travers de la ligne de retraite des Français. Élève de Napoléon, Wrede, bien qu'il se trouvât dans une bonne position, ne sut pourtant pas résister à ce coup de collier que personne n'a mieux su donner que son ancien maître et qui ici, où il fallait promptement et complétement déblayer la route, était surtout de mise. Il est vrai que Wrede eût mieux fait peut-être de barrer directement le défilé de Gelnhausen où il aurait pu résister plus facilement à la force supérieure de Napoléon et où les forêts ne lui auraient pas voilé les mouvements de ce dernier. Mais si, comme il le pouvait, Schwarzenberg avait, depuis Leipzig, suivi Napoléon, l'épée dans les reins quelle autre scène la ville de Hanau aurait-elle vue! Puisqu'on n'avait pas su atteindre à Leipzig le résultat de Sedan, puisqu'on n'avait pas su prévenir l'ennemi dont on enclavait déjà la ligne de retraite, on aurait dû le suivre du moins immédiatement et alors le résultat de Sédan qu'on avait laissé échapper à Leipzig aurait encore été atteint à Hanau.

Pendant tout le récit du grand drame qui a fait de 1813 une des années les plus remarquables de l'histoire du monde, nous avons négligé la guerre que fit Davout au nord de l'Allemagne. Il est vrai que l'action de ce maréchal n'a pu changer en rien la marche des choses, sur laquelle elle n'a même exercé aucune influence. Ainsi le récit de sa campagne sera plutôt pour mémoire et il suffira de le donner en traits rapides.

Davout a 30,000 hommes en avant de Hambourg, 18,000 Français et 12,000 Danois, sans préjudice des 5000 qui, sous Hogendorp, forment la garnison de la ville. En face de lui, Wallmoden se tient à Hagenow—Wittenbourg avec un corps composé de différents contingents, et s'élevant à peu près à 25.000 hommes. Davout s'ébranle le 16 août et s'établit à Witzhave—Siek sur les routes de Ratzebourg et de Lübeck, puis il s'avance et refoule les avant-postes de Wallmoden sur leur gros jusqu'à Vellahne; après quelques tentatives d'entamer aussi ce dernier, il prend enfin par la gauche et, tournant la droite ennemie, se rend avec tout son monde à Schwerin où il est le 23 août. Là, il n'est pas inquiété, mais l'ennemi profite de son inaction pour l'entourer de toutes parts de ses troupes légères entreprenantes et nombreuses qui lui interdisent toute communication avec les autres armées françaises.

Le 2 septembre, Davout se replie rassemblant le gros de ses troupes près de Ratzebourg; en même temps Wallmoden s'éloigne de lui et se rend à Dœmitz, car il a appris qu'une division française sera détachée pour nettoyer la rive gauche de l'Elbe et il veut en profiter pour la battre isolément. Ainsi cette division, formée de 7000 hommes sous le général Pécheux, est assaillie le 16 septembre par des forces supérieures près de la forêt de Gœhrde et elle est presque anéantie. Puis Wallmoden, ayant reçu de Bernadotte l'ordre d'attaquer Davout, se tourne contre le maréchal lui-même; mais, après avoir fait quelques essais contre la forte position des Français, il voit qu'il ne peut rien effectuer. Davout reste ainsi près de Ratzebourg sans rien entreprendre au fond; même la nouvelle de la bataille de Leipzig, qu'il reçoit le 25 octobre, ne le fait pas bouger.

Le 11 novembre enfin, il reçoit de St-Cyr une mission par laquelle on lui enjoint de la part de l'Empereur de laisser une garnison à Hambourg, mais d'aller avec le gros de son armée en Hollande. Ainsi, le 13, il quitte sa position de Ratzebourg et se replie derrière la Stecknitz.

Cependant il était déjà trop tard pour exécuter la marche prescrite en Hollande, car Benningsen avait reçu après Leipzig l'ordre de se porter sur Hambourg et Bernadotte, qui avait été à Heiligenstadt le 30 octobre, s'est tourné de là vers le nord sans le consentement de ses Alliés, au lieu de prendre la route de Cassel.

Davout ne croit donc pouvoir mieux défendre les intérêts de son maître qu'en se jetant à Hambourg avec tout ce qu'il a et d'y tenir jusqu'à la dernière extrémité. S'étant séparé des Danois, il y arrive le 3 décembre et le 13, les troupes de Worontzov mettent le blocus devant la ville. Elles y sont relevées le 30 décembre par l'armée de Benningsen.

La conduite de Davout est surprenante d'inactivité et elle reste tout à fait inexplicable justement chez ce maréchal qui, dans toutes les campagnes précédentes, s'était montré hardi et énergique et dont les mouvements avaient été dictés par un talent militaire au-dessus du commun: aussi Napoléon lui avait-il toujours confié de grands commandements et une sphère d'action plus ou moins indépendante. Mais ici, Davout prend de bonnes positions, se maintient avec sang-froid, mais n'est pour rien dans les grandes opérations, quoique, dans le plan de Napoléon, ce fût justement son corps auquel incombait un rôle actif pour dégager le reste de l'armée, surtout la colonne dirigée sur Berlin. Il avait oublié complétement que, le 8 août, l'Empereur lui avait écrit: «Le rôle que vous avez à remplir est très-actif», et il se montre bon militaire, mais mauvais général.

L'histoire militaire de l'année 1813 finit ici. Mais après avoir poursuivi dans toutes leurs phases les mouvements militaires, nous ne pouvons quitter définitivement notre sujet sans embrasser encore une fois les événements d'un point de vue plus général que les seules considérations militaires.

Les grandes catastrophes dans l'histoire n'ont pas seulement des causes militaires; un empire ne croule pas par suite des fautes militaires de quelque

général. Ce n'est pas telle ou telle faute militaire
que Charles XII expie à Pultawa, Napoléon à Leipzig,
et ce n'est pas le seul talent militaire de Scipion qui
écrase la race carthaginoise à Zama. De tels désastres
ne sont que la conséquence inévitable de toute une
politique fausse, et la marque caractéristique d'une
telle politique est toujours le désaccord entre les
moyens, qui comme toute chose humaine sont limités,
et l'immensité du but. Chez Napoléon, un plan n'est
jamais définitif: le succès, qui d'abord semblait être
son but, n'est plus, une fois atteint, qu'un moyen
pour aspirer à un nouveau but plus vaste, plus
éloigné. Cette disposition d'esprit, cette imagination
sans bornes a fait de Napoléon le plus grand des
capitaines modernes, mais c'est en même temps la
qualité qui en a fait un politique tellement insensé.
Müffling dit: «Le général n'a qu'une seule direction,
le prince-général en a une double. Son action comme
soldat est toujours subordonnée à la politique.»[1] Napoléon n'a jamais tenu compte de ce principe, et si
comme chef d'armée, Napoléon avait raison d'exploiter
ses victoires aussi complétement que possible, comme
chef d'État, il commit une faute grave en ne recon-
naissant jamais de limite immuable à ses plans, et
c'est l'homme d'État qui a été vaincu à Leipzig. Ainsi
le général pourra et devra toujours voir ses modèles
dans Alexandre le Grand, Charles XII et Napoléon,
mais le chef d'État leur préférera César, Gustave-
Adolphe et Frédéric le Grand.

---

[1] Campagne de l'armée de Silésie.

IMPRIMERIE DE F. A. BROCKHAUS A LEIPZIG.

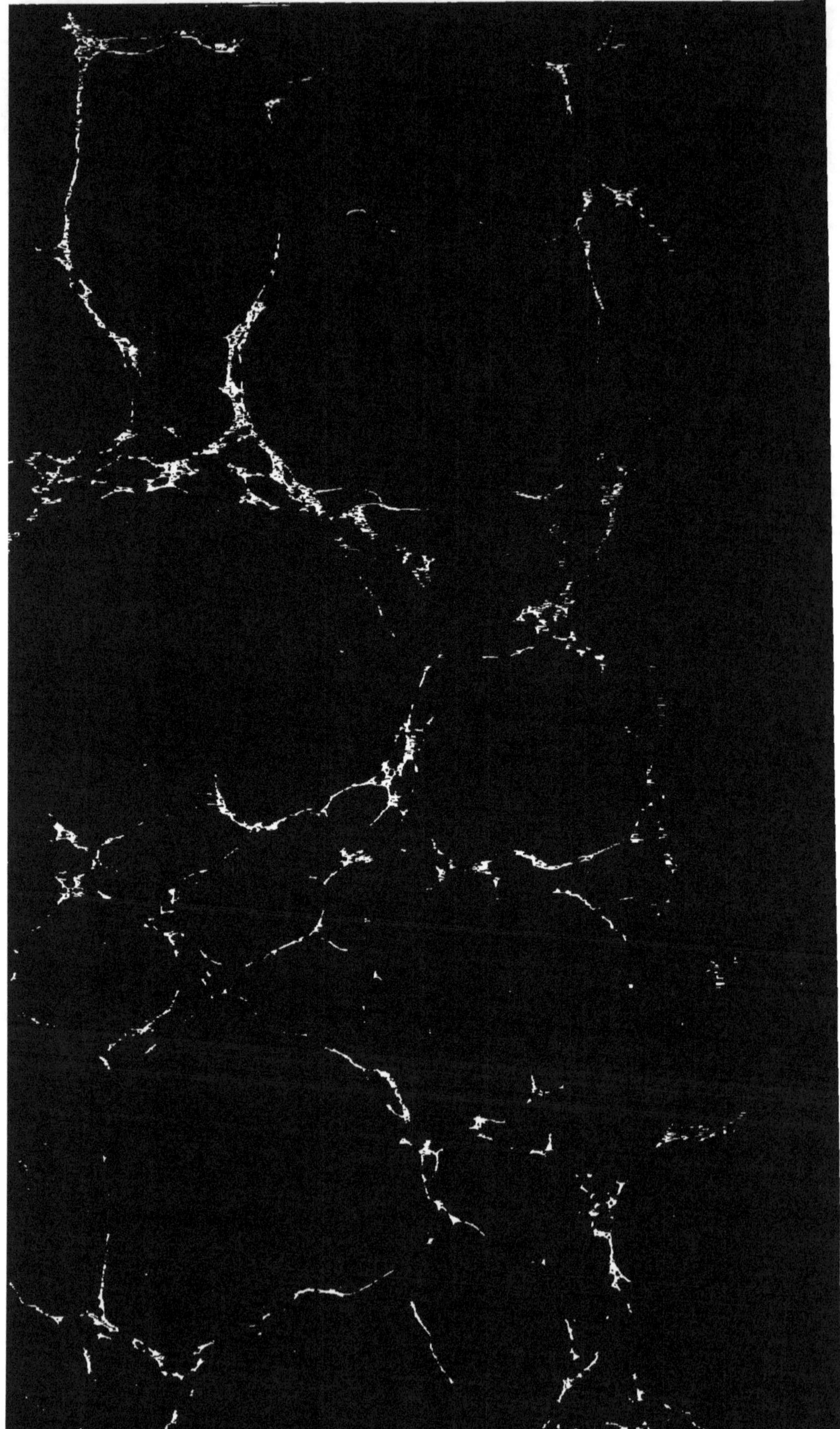

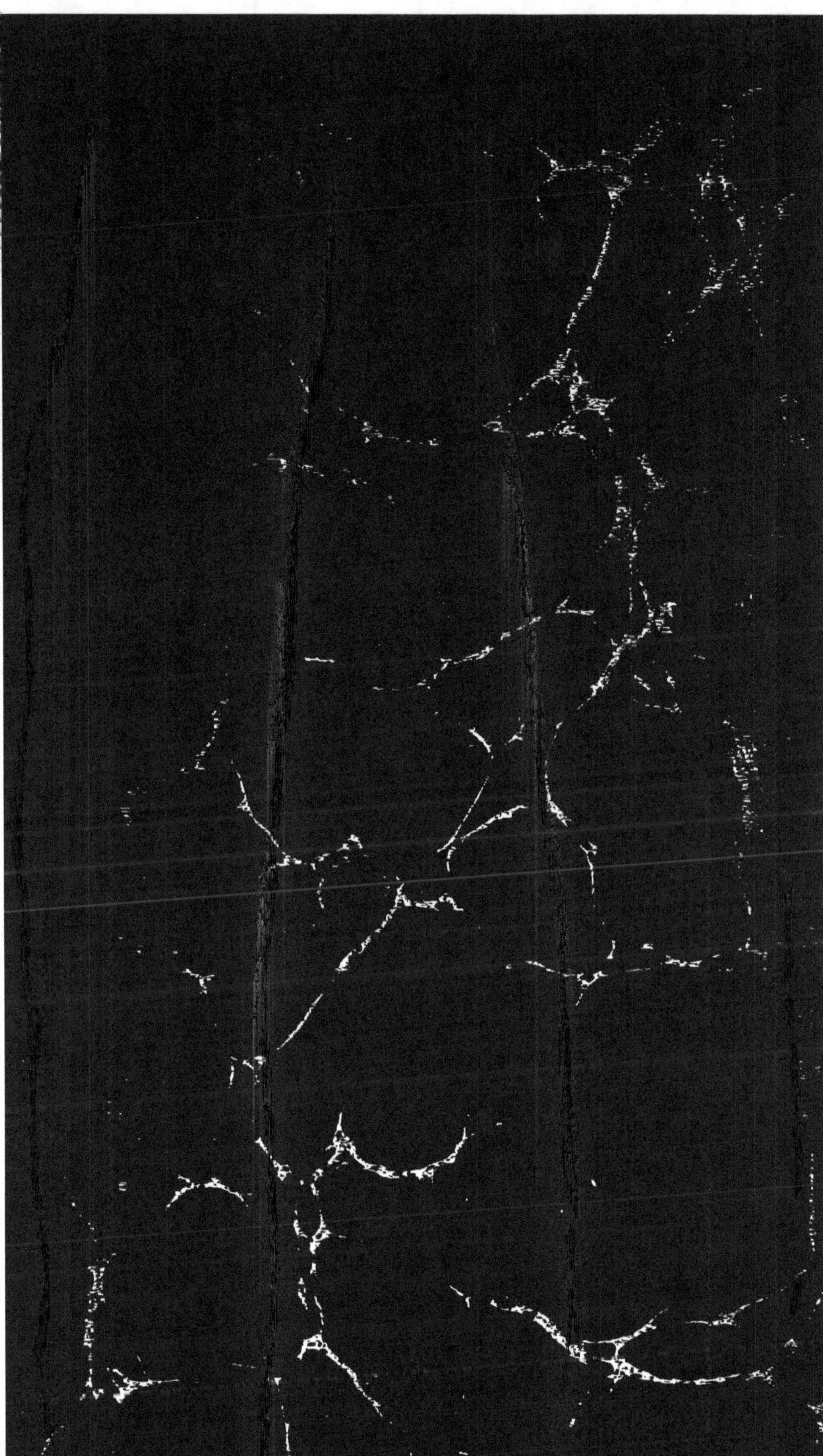

9 782013 191463